西風頌、愛爾蘭人之歌、麥布女王、無神論的必然……
從牛津到比薩，跟隨詩人雪萊的足跡，體會自由生命的熱情

真理追求者，
浪漫詩人
雪萊

Percy Bysshe
Shelley

著

Nothing of him that doth fade
But doth suffer a Sea-change
Into something rich and strange

理想主義的先知詩人，信念及詩歌的永恆追尋
詩歌創作 × 真理追求 × 理想主義 × 無畏抗爭……
從文學作品與人生旅程，剖析詩人雪萊的詩意生命

目 錄

目錄

you for
to smile. I can
for you, but I
ong it is inside
ou around me
I will always app
n waiti

第一章
出生與童年

哀嘆無法挽回的事情，是毫無意義的。但是，當某些人
正處在如日中天之際，原本可能照耀大地的時候，卻突然
隕落了，誰能不去感嘆命運之神的捉弄呢？世人知道馬羅
（Christopher Marlowe）、喬爾喬涅 [01]、拉斐爾 [02] 與莫札特 [03]
等人，卻都是透過這些人早期的作品去了解他們的，這的確
讓人感嘆。我們還應該看看，諸如巴哈、提香 [04]、米開朗基
羅 [05] 與歌德 [06] 等人在心智完全成熟之後的作品是多麼地宏
大。我們也沒有必要去說服自己，說某些人徹底完成了一部
作品，而另一些人沒有足夠的生命去完成這樣的作品。要是
索福克勒斯 [07] 在創作出《伊底帕斯》（Oedipus）之前，要是韓
德爾從未完成讓其永垂不朽的歌劇作品，要是彌爾頓（John

---

[01]　喬爾喬涅（Giorgione，1477-1510），著名的義大利威尼斯畫派畫家。喬爾喬
　　　涅是第一个真正意義上的義大利威尼斯畫派畫家，架上畫的先行者。喬爾喬
　　　涅是威尼斯畫派成熟時期的代表人物。

[02]　拉斐爾 · 聖齊奧（Raffaello Sanzio，1483-1520）義大利畫家、建築師。與
　　　達文西和米開朗基羅合稱「文藝復興三傑」。拉斐爾所畫的畫作以「秀美」著
　　　稱，畫作中的人物清秀，場景祥和。

[03]　沃夫岡 · 阿瑪多伊斯 · 莫札特（Wolfgang Amadeus Mozart，1756-1791），出
　　　生於神聖羅馬帝國時期的薩爾茲堡，歐洲古典主義音樂作曲家。莫札特留下
　　　的重要作品總括當時所有的音樂類型。他所譜的協奏曲、交響曲、奏鳴曲、
　　　小夜曲、嬉遊曲後來成為古典音樂的主要形式。

[04]　提香（1490-1576），他是義大利文藝復興後期威尼斯畫派的代表畫家。

[05]　米開朗基羅 · 博那羅蒂（Michelangelo Buonarroti，1475-1564），義大利文藝
　　　復興時期偉大的繪畫家、雕塑家、建築師和詩人，文藝復興時期雕塑藝術最
　　　高峰的代表，與拉斐爾和達文西並稱為文藝復興後三傑。

[06]　約翰·沃夫岡·馮·歌德（Johann Wolfgang von Goethe，1749-1832），德國戲
　　　劇家、詩人、自然科學家、文藝理論家和政治人物，為魏瑪的古典主義最著
　　　名的代表；而作為戲劇、詩歌和散文作品的創作者，他是一位偉大的德國作
　　　家，也是世界文學領域最出色的光輝人物之一。

[07]　索福克勒斯（約西元前 496- 前 406），克羅諾斯人，雅典三大悲劇作家之一。
　　　他既相信神和命運的無上威力，也要求人們具有獨立自主的精神，並對自己
　　　的行為負責，這是雅典民主政治繁榮時期思想意識的特徵。

Milton）只是因為他早年創作的詩歌而聞名，就離開了這個世界，那麼我們同樣可以用貌似合理的方式，去對這些人的成就進行虛情假意的恭維。雖然，我們這種樂觀主義精神是如此的膚淺，但倘若我們真的如此看待的話，卻又會發現這是漏洞百出的。一個不可否認的事實，就是當一個才華橫溢的年輕人在命運之神的眷顧下，在短暫的時刻展現出了超級的天才，卻在萬物復甦的春天時節突然消失了，等不及看到盛夏的果實，我們必然會沉默地臣服於自然的法則，認為自然的法則是高深莫測且無法理解的。

　　這方面的思考，往往會讓我們想到本世紀英國最著名的三位詩人。拜倫（George Gordon Byron）在三十六歲時去世了，約翰·濟慈[08]在二十五歲時去世了，而雪萊（Percy Bysshe Shelley）則在剛剛度過三十歲生日時去世了。在這三位詩人當中，濟慈發揮個人詩歌才華的時間，可以說是最為短暫的。他所取得的成就，在某些詩歌屬性方面是完美的，但在很多方面仍然是不成熟且不完整的，但若是他沒有英年早逝的話，那麼他在未來所取得的成就是無法預估的。拜倫[09]

---

[08]　約翰·濟慈（John Keats，1795-1821），英國詩人、作家，也是浪漫派的主要成員。

[09]　喬治·戈登·拜倫，第六代拜倫男爵（George Gordon Byron, 6th Baron Byron，1788-1824），出生於英格蘭倫敦，逝世於希臘，英國詩人、革命家，獨領風騷的浪漫主義文學泰斗。世襲男爵，人稱「拜倫勳爵」（Lord Byron）。拜倫著名的作品有長篇的《唐璜》及《恰爾德·哈羅爾德遊記》，以及短篇作品《她舉步娉婷》。

活的時間是比較長的，也創作出了比另外兩位詩人更多的作品。但是，在拜倫的詩歌才華仍處於上升期的時候，當他那「迅速且無法阻擋的創作」就像大天使的雙手那樣觸控著世界的每個角落時，他卻離開了這個世界。對於拜倫這個例子，我們只是感慨，倘若拜倫沒有如此早的離開這個世界，他將會繼續創作出多少傑作，創作出多少後人無法超越的詩歌作品！雪萊的英年早逝則是更讓人感到遺憾的。與約翰·濟慈以及拜倫不同的是，他的去世完全是因為一場意外。他的詩歌創造能力要更加豐富，他的人生追求與目標要比前兩者更加的宏大。因此，雪萊需要多年的時間來發揮個人的這種才華。如果命運之神能夠讓他過上完美的生活，那麼我們肯定能夠從他那不平凡的少年時期裡，看到他在成年時期創作出更加清晰流暢、情感和諧的作品。

　　對一本傳記來說，上面這些前言內容，算是相當陰鬱的。但是，每個研究雪萊人生的人，每個發自內心崇拜他所具有的才華的人，肯定會從一開始就產生這樣一種莊嚴的情感。我們並不關心那些「專注於個人世界」的人，不管他們是趨向於正面還是負面，而是關注那些只是因為突然的意外，而使他們的個人才華所能取得的成就，無法施展出來的人。

　　1792 年 8 月 4 日，這是英國文學歷史上最值得紀念的日子之一。在這一天，珀西·比希·雪萊生於薩塞克斯郡

(Sussex) 霍舍姆 (Horsham) 地區附近的菲爾德普萊斯 (Field Place)。他的父親名叫蒂莫西 (Timothy Shelley)，是戈林城堡的珀西‧比希 (Bysshe Shelley) 先生的長子。雪萊家族擁有著優秀的歷史與龐大的財富。若是不去計算這一家族早年或是充滿著傳奇色彩的家族歷史，這個家族的光榮歷史，可以從 1611 年有人獲得從男爵爵位開始，以及在 1806 年，另一個年輕人獲得了第二個這樣的爵位。後來，雪萊的祖父透過他的朋友諾福克公爵 (Duke of Norfolk) 所具有的影響力，獲得了這份榮譽。蒂莫西‧雪萊生於 1753 年。1791 年，他娶了查爾斯‧皮爾福德先生的女兒伊麗莎白 (Elizabeth Pilfold) 為妻子，伊麗莎白是一位非常美麗的女性，天資聰穎，雖然沒有文學方面的天賦。他們結婚後的第一個孩子就是雪萊，他們為這個孩子取名比希，用來表達對家族的長老，也就是雪萊祖父的敬意。之所以會取比希這個名字，是因為這個名字與諾森伯蘭郡的公爵存在著某種關聯。蒂莫西與伊麗莎白還有四個女兒，分別是伊麗莎白 (Elizabeth)、瑪麗 (Mary)、海倫 (Hellen) 與瑪格麗特 (Margaret)，而另一個兒子約翰 (John)，在 1866 年去世，這是蒂莫西‧雪萊另一次婚姻所生下的兒子。1815 年，在父親去世之後，蒂莫西‧雪萊繼承了從男爵爵位，而在他去世之後，這個爵位則傳給了他的孫子，也就是現在的比希‧弗洛倫斯‧雪萊 (Percy Florence Shelley)，他是雪萊唯一還活著的兒子。

在跳過雪萊家譜這段枯燥無味的內容之前，我們有必要提到比希‧雪萊爵士的第二段婚姻，這是與伊麗莎白‧簡‧西德尼‧佩里的婚姻。佩里是彭斯赫斯特（Penshurst）家族的女繼承人，因為比希‧雪萊成為了五個孩子的父親，最年長的孩子使用了雪萊－西德尼的名字，後來也獲得了從男爵爵位，並且留下了一個兒子菲利普斯‧查爾斯‧西德尼，後來被稱為德利斯爾爵士。當然，說明這些細節，也不是毫無意義的，因為這可以證明一個事實，那就是雪萊家族所獲得的名聲，是源於詩人雪萊這樣一個看似沒有個人力量與世俗權威的人。比希‧雪萊爵士將在社會上的地位、累積的財富以及他給兩個家族所帶來的榮耀，完全歸功於個人的努力。雖然他的家族姓氏早已經在英國地主階級中赫赫有名，但他也必須要在同等困難的情況下，去創造屬於自己的財富。他生於北美，據說一開始是從事江湖郎中。但是，他個人談吐所具有的魅力、他那英俊的外貌，個人舉止的尊嚴，以及強而有力的個人意志，讓他贏得了兩位英國女繼承人的芳心。他是從一無所有起家的，在七十四歲的時候，卻留下了超過三十萬英鎊的財富，還有每年兩萬英鎊的房產收入留給他的後代。

　　因此，珀西‧比希‧雪萊就是出生於這樣一個富有的英國地主階級家族裡，但他並不相信過去那些古老故事所說

的，天鵝是在一群鴨子的巢穴裡孵化出來的鬼故事。他天生有著不可馴服的個人天賦，有著深刻的洞察力，能夠穿透這個社會與古代傳說所編織出來的各種虛假與虛構的東西。他受到了個人出生環境以及周圍環境的影響，因此對世人的很多看法，進行著誇張的對抗。他經常發表一些情感激勵的長篇演說：

> 「奴隸的女王，
>
> 就像雙目失明，
>
> 失去了生命力的天使，
>
> 早已經習以為常。」

雪萊之所以會有這樣的想法，是因為早年他對很多親戚都以他們在社會上的地位、財富以及所謂的傳統禮節所表現出來的優越感，所表達出來的強烈不滿情感。

蒂莫西·雪萊絕對不是一個壞人，但他所做的一切事情，都與他是詩人雪萊父親的身分是完全不吻合的。作為肖勒姆自治城鎮議會的議員，他盲目地跟隨自己的黨派來投票，而這個黨派所唯一關注的，則是諾福克公爵的個人喜怒哀樂。蒂莫西的個人人生哲學僅限於對切斯特菲爾德爵士（Earl of Chesterfield）的膚淺模仿，他假裝與切斯特菲爾德爵士經常保持通信，雖然他所寫的信件表明他缺乏基本的邏輯思想與語法能力。他的宗教觀點可以用克拉夫的這句格言來概括：

「每個週日前往教堂禮拜，彷彿這個世界都成為了你的朋友。」

蒂莫西的道德觀念，是完全局限於傳統的，這可以從他對自己的長子所說的話看出來，即他絕對不能容忍一椿門不當戶不對的婚姻，但卻允許他在合法婚姻的外衣下，有很多細繩子。在其他方面，他似乎是一個相當不錯的地主，也是一個友善的父親，喜歡社交，為人熱情，行為舉止上有點虛偽，有時甚至是有點古怪，但還是足以讓鄉紳們聚集在他的身旁。在欣賞自然方面的能力上，他完全缺乏自己的兒子雪萊在這方面所表現出來的能力。也許，我們應該認為，這是他的一種不幸，因為命運讓他成為了本世紀最具原創能力與最勇於打破傳統的兒子的父親。在雪萊到了青年時期，允許他在大學裡隨心所欲地發展自己的興趣愛好，然後在某個適當的年齡靜下心來，接替父親在自治城鎮上的職位。因此，蒂莫西·雪萊可以說是一位相當寬容的父親。即便是雪萊的自傳作家也必須要承認，如果比希·雪萊只是展現出個人的圓滑與周到的思想，那麼很多可以預示他與父親之間糟糕關係的事情，都是可以避免的。

雪萊在菲爾德普萊斯度過了童年時光。在他六歲的時候，就開始與自己的妹妹們一起接受愛德華茲先生的教育了。愛德華茲先生是一位居住在沃漢姆（Warnham）的牧師。

關於雪萊這段早年生活的紀錄，我們可以從他的妹妹海倫那裡獲得珍貴的紀錄。海倫與她的哥哥雪萊之間年輕的差異，讓我們只能認為海倫的描述，可能是關於雪萊後來的階段——也許是他在離開了錫安房子與伊頓（Eton）地區的假期生活。但不管怎麼說，這些紀錄還是讓我們了解到雪萊當時所熱愛的家庭生活是什麼樣子的。也許我們可在此節選出部分的內容。海倫告訴我們，她的哥哥「經常前去育兒所，尤其喜歡到那裡搞一些惡作劇。有一次他遭受大人們指責，就是因為他用一根棍子朝著很矮的天花板上擺弄，似乎是要找尋一個全新的房間。但這完全只是他個人想像力豐富的表現而已。」雪萊非常疼愛自己的妹妹，經常會為她們講各式各樣的故事，「比如關於一個頭髮灰白、留著長鬍子的鍊金術師的故事，」並且表示這位鍊金術師就以一種神祕的方式居住在菲爾德普萊斯地區，並在這個地區扮演著重要的角色。「另一個他最喜歡說的故事，就是《大烏龜》，這個大烏龜生活在沃漢姆的池塘裡。若是人們聽到任何不尋常的聲音，這都是因為這頭怪物所發出來的。當時，這個故事激發了我內心無限的想像，感受到了無限的興奮與驚奇。」後來，雪萊對他的朋友霍格（Thomas Jefferson Hogg）就經常談論起另一種爬行動物，這種爬行動物並不是源自於神話故事或是寓言傳說。這種動物就是生活在菲爾德普萊斯地區長達一百多年的「老蛇。」這條體型龐大的蛇有時會被園丁在花園裡所使

用的鐮刀所殺死，但是這條蛇長久地活在雪萊的記憶裡。因此，雪萊後來之所以對蛇這種動物有著特殊的喜歡，也許就是因為他童年時期對蛇的美好回憶所導致的。他與妹妹們一起玩的遊戲，都是古怪的，一些遊戲是既有趣，又讓人感到有點可怕的。「我們穿上了不同的服裝，用來扮演某種神話中的人物或是魔鬼，雪萊則會帶上一個火爐，在裡面放入一些可以點燃的東西，然後將火焰帶到廚房與大門的位置。」雪萊經常會帶著妹妹們一起在樹籬與柵欄上漫步，在妹妹們感到疲倦的時候，就會揹著她們過去。「當時，他的身材顯得比較瘦長，面容英俊 —— 他的雙手很普通，雙腳則踩在泥土上，他的雙眼似乎能夠在某個人身上看到一種固定的美感。作為一個孩子，我就看到他的皮膚就像白雪一樣白，頭部則覆蓋著發出光亮的長捲髮。」這就是呈現在我們面前年幼時期雪萊的形象：「比希在伊頓的時候，會按照自己的想法來購買衣服，其中就包括非常好看的絲質褲子。穿上這些褲子後，他就像一個大人那樣，讓褲子的上衣後襬靠近火爐那樣站著。當時，這讓我感到產生了無限的敬意。」

　　在雪萊十歲的時候，前去布倫特福德（Brentford）的錫安學校就讀，這是一所由加爾洛負責的學校。倫敦很多商人都將子女送到這所學校就讀。但事實證明，這些孩子與雪萊那溫和的性情是合不來的。幸運的是，對後人來說，雪萊的一名自傳作家，也就是他的第二個表弟梅德溫（Medwin）也是他當時在

錫安學校裡的同學。梅德溫對當時雪萊所記錄的很多細節，對我們來說是具有重要價值的。梅德溫告訴我們，雪萊幾乎是完全憑藉個人本能去學習古典語言的，而他將所有的時間都用於想像當中，經常會看著窗外面天空的雲朵慢慢地飄過教室，或是看著白雲慢慢地掠過他記憶中菲爾德普萊斯地區的杉樹與雪松。在這個時候，他經常會夢遊。如果梅德溫的紀錄是準確的話，那麼這個時候的雪萊經常會陷入自我幻想的世界當中，當然這還沒有達到恍惚的地步。雪萊最喜歡的娛樂活動，就是閱讀小說。很多所謂的「藍皮書」，都是他從童年時期就經常閱讀的。我們可以從中看出他最早創作的作品的風格與基調，都是受到這方面的影響。「在同學們看來，他就像一個古怪且不擅長社交活動的人。在放假的時候，其他的孩子都喜歡參加體育活動，因為這是在學校裡所能允許的娛樂活動。而此時的雪萊卻對此絲毫不感興趣，而會來回地踱步 —— 我想我當時看到他在南邊的牆壁上走來走去，沉浸在各式各樣模糊而又不明確的思想，沉浸在那種混沌的思想當中。但是，他後來將這些混沌的思想營造出了一個充滿美感的世界。」

　　雪萊所創作的兩篇帶有個人自傳性質的最重要作品，顯然是提到了他在這個時期的生活。第一篇文章可以從《萊昂和西茜娜》(*Laon and Cythna*) 的前言裡看出來。在這段文字裡，雪萊就描述了他在那些不理解他的同學當中，所感受到的內心痛苦。

「親愛的朋友，很多偉大的行動思想都是我的。

當遮蔽著青年時期的雲層散去之後，

我還記得那段讓我的精神處於燃燒的青春。

一個五月的清晨，

我走在閃爍著光芒的青草地上，

獨自哭泣。我不知道緣由。直到看到

附近的教室，聽到裡面的讀書聲！嗚呼！

這只是這個世界悲傷聲音的迴響──

這是暴君與敵人相互鬥爭所發出的嚴厲聲音。

當我合上雙手，茫然四顧，

沒有人注意到我那雙含著淚水的眼睛，

在灑滿陽光的草地上，溫暖的淚水掉落下來了。

我理直氣壯地說：『我將會成為一個睿智，

正義、自由與溫和的人。

如果我有這樣的潛能，那麼我在看到

那些自私的強者的專制行為之後，肯定會感到憤怒。』

接著，我控制著淚水，我的心變得平和起來，我再次變得溫順與勇敢起來。

從那個時刻開始，我真心希望，

從過去被世人所遺忘的知識寶庫裡汲取知識的養分，

但我不關心任何暴君所留下的東西，而是想要了解

我內在靈魂的祕密，之後在與人類進行對抗。

只有這樣，我的力量與希望才會變得越來越強。

接著，我感到了一種孤獨，一種無法平息的渴望感。」

第二篇文章則是雪萊談論有關友情的內容，這篇文章的部分內容由霍格儲存下來了。在對那種經常被視為愛意的激烈情感進行一番定義之後，雪萊接著寫道：「我還記得對學校產生了這樣一種依戀情感。在我的記憶裡，記不清楚這是發生在什麼地方的。但我認為，這肯定是在十一歲到十二歲左右的。這種情感存在的目的，就是在那個年齡層，我覺得自己是一個慷慨大度、勇敢且隨和的人。而人類的基本情感要素，似乎從他一出生到現在，就已經存在於他身上了。他的言行舉止給人一種簡樸的感覺，有著一種無法言說的魅力。從我上小學以來，我就一直沒有機會見到他。但是，我可能將目前的回想，與自己過去情感的幻想混現在一起了。或者說，他對身邊的人來說，代表著一種榮耀與積極的作用。他說話的聲音是那麼的柔和與充滿力量，他說的每一句話都直抵我的內心深處。他的那些話表達出來的哀婉情感是那麼的深刻。有時，即便是單純地聆聽他說話，都會讓我的眼睛含滿淚水。這是我第一次體驗到友情所帶來的神聖情感。」雪萊早年的這一段友情帶給他的想像與情感如此深刻的印象，這也許可以從他在佛羅倫斯時期所創作的《酒神巴克斯》與《安珀羅斯》等作品中看出來。「看吧，那些人正在漫步，慵

懶地走來走去，邊走邊聊。你可以在學校裡看到一些較小的
男孩與年長的男孩在操場上的草地上一起聊天，而彼此間這
種美好的友情，正是在年齡的激發下產生的。」

　　這些節選的內容，毫無疑問表明了雪萊最早與外部世界
的接觸，帶給他最為明顯的兩種特質——他對任何形式的專
制與野蠻力量的憎恨，以及他對友情的深厚情感。對女性發
自內心的愛意，在他身上得到了強烈的表現，這也讓他在描
述理想高貴的女性人物形象時，僅次於莎士比亞。雪萊對女
性的這種強烈的愛意，源於他對自己母親與妹妹們的愛意。
據說，每當他收到她們的信件，必然會喜形於色。

　　梅德溫說：「在那個時候，雪萊的身高超過了那個年齡層
其他的男孩，顯得瘦長，身體不是很結實。當時的他有點窄
胸，膚色紅潤，臉型有點像貓頭鷹。他的容貌算不上英俊。
我們都有著如絲綢一樣棕色的自然捲髮。他的臉部表情會表
現出無限的甜蜜與純真。他那雙藍色的眼睛非常圓，特別醒
目。在他心不在焉的時候，或是陷入沉思的時候，經常會表
現出對外界事物缺乏感知的能力。有時，他的雙眼卻乎突然
被智慧之火點燃了。他的聲音非常柔和低沉，但音調有點斷
斷續續——當某樣東西激發出他的興趣時，他就會全身心
地投入進去。在他的一生中，從未失去過這方面的秉性。他
是一個性情天生冷靜的人，但若是他聽到或是讀到一些不正

義、壓迫或是殘忍的行為之後，那麼他臉上流露出來的恐怖與憤怒的神色是清晰可見的。」

童年時期的雪萊就是這樣一個孩子，我們可以看到，在命運之神賜給他的短暫人生中，他始終都沒有改變這樣的性格。充滿愛意、追求純真、性情敏感，遠離同齡人那些庸俗的追求，強烈的道德情感，有著天生追求卓越的內在性格，讓他可以從自然世界與內在的靈魂中獲得更多的靈感。雪萊在登上這個世界的舞臺時，正是內在的道德情感與性格本性，讓他可以最終處在一個超出普通人的境界。但是，他所承受的這種「高處不勝寒」的孤獨感，也讓他的內心感到痛苦。但是，他所獲得的回報，在某種程度上是更加真實的預言。他想要以高尚的方式實現最好的自我，而這是他的很多同齡人都沒有想到的。

第二章

伊頓與牛津的歲月

1805 年，雪萊從錫安學校畢業，來到伊頓公學就讀。在這個時候，基特擔任校長，雪萊的指導老師是伯特利先生，按照雪萊的說法，「他是整座學校最沉悶的人。」在伊頓公學就讀期間，雪萊並不受到老師或是高年級學生的歡迎，雖然據說與他同年齡的人都很崇拜他。「他總是充滿了激情，」海倫這樣寫道，「他總是想辦法避免受到傷害，對別人表現出自己的愛意。」他在組織低年級學生反抗高年級學生要求他們做雜務一事上，表現出了極大的熱情，這顯然讓他贏得了低年級學生以及同年級學生的讚賞。因此，對於雪萊這樣一位無法容忍別人管理或是限制，不準時完成個人功課的人來說，他竟然會將大部分休閒時間都用於閱讀普拉尼的歷史作品，並且贏得了一些老師的讚賞，這是非常罕見的。在當時，雪萊去反對低年級學生為高年級學生做雜務的慣例，反對參加各種體育競賽，都與很多公立學校的傳統相悖。無論是在伊頓公學還是在其他地方，雪萊表現出的這種毫不妥協精神，讓他不願意與那個庸俗的世界相處，而他將個人的豐富想像力更多地投入到了詩歌創作當中。他所創作的浪漫詩歌被命名為《聖歐恩》（*St. Irvyne*）或是《玫瑰十字會》（*The Rosicrucian*）。這個故事與《扎斯特洛奇》（*Zastrozzi*）具有同等的可讀性，雖然在整體的布局方面顯得比較混亂，但卻包含了很多優秀的詩歌內容，這些作品都收錄到了最新版本的雪萊作品裡。雪萊的這些作品所流露出來的情感，與威廉·

古德溫（William Godwin）的作品有著最早的關聯，因為雪萊是按照後者的小說《聖萊昂》（*St. Leon*）的小說創作出來的。不過，這個書名可以讓我們回想起雪萊在哈麗雅特果園裡月光下漫步的情景。雪萊在文學領域最早的嘗試，對於那些從事詩歌創作的人來說沒有什麼價值，只能說明雪萊這個天才的心路歷程以及他不同於常人的發展軌跡。這些詩歌本身所具有的價值，其實是不值一提的。任何人在閱讀這些詩歌的時候，都絕對不會想到，創作出這些詩歌的人日後會是創作出《欽契一家》（*The Cenci*）與〈靈魂之靈魂〉（*Epipsychidion*）這樣的詩歌的人。有人會指出，雪萊諸多特質中存在著的缺陷，包括過度理想主義，創作時比較匆忙，以及缺乏連貫的思想，或者說缺乏敘述方面的把控能力，這些缺點在他的早期作品中，都是顯而易見的。雖然這些都是事實，但在早期的這些作品中，雪萊也根本沒有將自己的特色展現出來。那些謹慎的評論家只會發現，在《扎斯特洛奇》與《聖歐恩》這些作品中的原料，就包括了雪萊這位天才在試驗階段中對世界的領悟，雖然在這個時期，這樣的領悟還是那麼的缺乏。在這些作品中，我們甚至無法感受到拜倫在《懶散的時光》（*Hours of Idleness*）中所表現出來的影子。

在 1810 年米迦勒學期裡，雪萊准許以自費生的形式進入牛津大學就讀。在來到牛津大學沒多久，他就認識了一個後來對他人生產生重要影響的人。此人也對雪萊不平凡的青年

時光進行了最傑出與真實的紀錄。無論是從性情還是個人品味方面，湯瑪斯・傑弗遜・霍格都是與雪萊完全不同的人。霍格是一個腳踏實地的人，而雪萊則像整個人都懸浮在半空，穿著一件長袍在半空中歌唱，或是肩膀上披著一件預言家那樣的斗篷[10]。霍格的本性中有著強烈憤世嫉俗的一面，他是一個精明的人，也是一個嚴苛的幽默主義者。霍格是一個為人樂觀且務實的人，他選擇很多人所走的老路，努力成為一名著名的律師，遵守教會與國家的指令，成為了一個堅定的托利黨（Tory Party）人。雖然他在很多方面都與雪萊這位天才詩人有著如此不同的秉性，但他卻能在瞬間理解到雪萊的偉大，而且是無法透過任何栩栩如生的肖像畫去描述出來的。霍格在敘述雪萊在牛津大學就讀期間的生活，充滿著一種浪漫主義的魅力。任何小說都無法和他所描繪的那個形象相比，因為這在充滿情感的同時，又充滿了諷刺、隨和、幽默與誇張。而這只是他與雪萊相處幾個月的一些感受。要想從這部傑作中節選出一些段落，這是非常困難的。未來創作雪萊的自傳作家們在想要談論雪萊的偉大之時，都必然會滿足於在這個地方放下自己手上的筆，讓霍格以那種不同尋常且獨特的方式去敘述。我也必須要將節選的內容局限於少數

---

[10] 霍格對特里洛尼表示，雪萊之所以讓他產生興趣，只是因為他「有著作為學者的罕見才華。」特里洛尼記錄下了霍格的觀點，認為霍格對雪萊的描述是真實的，雖然霍格對雪萊在詩歌方面表現出來的天才沒有足夠的憐憫。這一紀錄是非常有價值的。

的節選或是空洞的摘錄。我想要提醒讀者的是，這是節選自霍格第一卷內容裡從四十八頁到二百八十六頁的內容，因為我們無法將全部的內容節選下來。

「在米迦勒學期開始的時候，」霍格寫道，「已經是 1810 年 10 月分的時候了。某天，我在吃晚飯的時候，碰巧坐在一位新生的旁邊。這是雪萊第一次來到這裡。他身形高瘦，看上去非常年輕。雖然在我們一起吃飯的桌子上，很多都是年輕人。雪萊似乎在沉思著什麼，一副心不在焉的樣了。他吃得很少，也不認識其他人。」兩名年輕學生開始聊天，談到了德國詩歌與義大利詩歌各自所具有的價值，這兩名學生對這個話題都絲毫不了解。吃完晚飯後，這場對話在霍格的宿舍裡繼續展開，雪萊很快就將這場對話引導了他最喜歡的關於科學的對話。「說實話，我對他所談論的主題並不怎麼感興趣。當時，我有很多休閒時間去聆聽他所說的話，我也漸漸地欣賞這位新生所具有的思想。在他所說的話裡，有著很多方面的對比。他有著高瘦的身形，顯得弱不禁風，但他的骨頭與關節卻是非常粗壯。他個子很高，但經常彎著腰，似乎要擺出較低的姿態。他穿著名貴的衣服，都是按照當時最流行的時尚來訂製的。但是，他所穿的衣服卻到處都是褶皺，顯然是沒有整理過的。他的手勢顯得比較唐突，有時甚至是比較激烈，偶爾也會顯得笨拙，但整體而言還是比較溫和與優雅的。他的膚色顯得白裡透紅，給人一種女性的氣

質。但是，他卻經常晒太陽，將皮膚晒黑。雪萊曾說，他的
整個秋天，都是在狩獵中度過的。雪萊的面色以及他的整張
臉，特別是他的頭部，都顯得特別小。但整體而言，他整個
人顯得比較結實，因為他的頭髮又長又濃密。在他陷入沉思
或是陷入痛苦當中（如果我可以使用這個詞語去描述的話），
經常會用雙手猛烈地摩擦著頭髮，或是用手指不經意地迅速
掠一下頭髮。因此，這顯得非常狂野。在那個很多人都盡量
模仿馬車伕的時代，很多人的頭髮都與士兵一樣，都是很短
的。因此，留著長髮的雪萊顯得非常異類。他整個人看上去
也不是很對稱（也許，嘴巴除外），但他整個人卻給人一種強
大的力量感。他的身上散發出一種活力、火焰與熱情，有著
一種生動且超自然的智慧，我從未在其他人身上感受過這一
點。我也從未在見過其他人，在道德表達層面與智慧表達層
面上，有著如此高超的表現。因為他是一個非常隨和的人，
特別是給人一種深沉的宗教虔誠感覺，這也是他很多傑出作
品的一個特色，就像佛羅倫斯與羅馬時期那些大師們所雕刻
的壁畫一樣。後來過了很久，我才真正意識到他的作品所具
有的偉大之處。他的作品裡糅雜著悲傷與勝利的情感。正是
在他去世之後，我才第一次從閱讀他的作品中，產生這樣的
感受。」

　　在其他文章裡，霍格也對他關於雪萊個人形象的印象進
行了完整的描述，這與特洛里尼後來的描述是吻合的。「雪

萊的品格與行為舉止上，存在著很多讓人震驚的對比。其中很多重要的性格特點都是相互結合，或者說相互替換的，將笨拙替換成靈敏——用優雅代替尷尬。他在客廳走路的時候，有時會跌倒，有時也會在一條沒有青草的草地上跌倒，他有時在走上一條寬敞且沒有任何障礙的樓梯時，也會跌倒，要麼擦傷鼻子，或是嘴唇。有時，這甚至讓那位有教養的男僕都感到不安。不過，與此形成鮮明對比的是，當他穿過密集的人群時，卻會以極為靈敏的方式穿過，絲毫沒有任何異樣，彷彿他早已經習慣了這一切。」

　　這些文字描述在主要細節方面，與雪萊的其他朋友的描述是大致相同的。雪萊有著一雙藍色的眼睛，給人一種深邃且高深莫測的感覺。他的頭髮是棕色的，但在很早的時候就變成了白髮，而他那張沒有皺紋的臉上，則始終儲存著一絲青春的氣息。我們必須要承認一點，即便是從各方面來看，上述的這些描述都無法全面地將雪萊的個人形象呈現出來。馬爾雷迪曾表示，雪萊是一個非常具有美感的人，很難用文字去描述粗來。雖然雪萊是一個非常獨特有趣的人，但他的個人主要魅力，並不是在於他的容貌或是優雅的舉止上，而是在於他身上流露出一股不可描述的個人魅力。霍格還重點強調了雪萊的一個細節。雪萊的聲音「聽上去讓人產生一種折磨感，非常的尖銳，顯得非常不協調。」雖然這個細節是很多描述他的人所重點談到的，雖然這樣的說法肯定是有

所誇張的，但我認為，我們必須要相信雪萊的朋友們所給出
的這種第一印象。除了霍格之外，還有很多方面的證據可以
表明這樣一個事實，即雪萊的聲音是尖銳的。在他處於興奮
狀態的時候，就會將音量拉昇到「尖叫」的地步。「尖銳」、
「刺耳」以及「穿透」等詞語都可以從描述雪萊的聲音文字中
經常看到。與此同時，我們又可以找到比單純尖銳的聲音沒
那麼讓人難以接受的事實。我們可以找到充分的證據證明一
點，雪萊在閱讀詩歌的時候，懂得如何去控制自己的音調，
在與別人談話的時候，他懂得如何更好地揚長避短，更好地
利用自己的聲音。與所有性情溫和的人一樣，雪萊所說的
話，都與他對某個談論的主題的看法是相吻合的。一旦他處
於興奮狀態，那麼他所說的話就會變得尖銳與刺耳。若是當
他陷入了深沉的情感或是產生對美的感受時，他就會降低聲
音，使之變得更加豐富。但是，他的音色本身是尖銳的，這
也與他內心強烈的情感是吻合的。所有這些都是雪萊個人本
性中的一部分而已。雪萊的這種特殊聲音隨時會發生變化，
會以不同的方式影響到他的個人情感，這也與他對生命始終
充滿著激烈的情感、他那豐富的幻想以及天馬行空的想像，
乃至他那讓行雲流水般的詩句是分不開的。雪萊的這種聲
音，是那麼的深遠，那麼的具有穿透力，那麼的遠離世俗，
只能是屬於那些長期沉湎於人類思想最高層次的罕見之人才
能擁有的。

在 10 月那天晚上的見面，很快就讓他們成為了親密的朋友。雪萊與霍格經常會一起讀書、散步與對話。他們都習慣每天早上的時間待在宿舍裡，各自進行閱讀。在下午一點鐘的時候，他們會一起吃午飯，然後就在鄉村地區進行長時間的漫步。在這個時候，雪萊經常會帶上槍支，這也是他跟父親學習的，要是遇到任何可能會帶來危險的動物，就可以直接射殺。雪萊早年養成的這種獵殺動物的習慣，後來變成了他與拜倫最喜歡一起做的娛樂活動。霍格說，當雪萊在使用槍支的時候，有時會表現得非常不謹慎。「我經常會質疑這個世界，既然賜給了此人如此之罕見的才華，卻又讓他有時表現得那麼野蠻，喜歡以結束某些動物的生命為樂趣。雪萊在追尋獵物時表現出來的沒有任何思想，以及他有時表現出來的高深思想，這簡直是奇蹟的存在。」在他們從遠足回來的路上，他們都不會想著在大學餐廳裡吃飯，喝茶或是一起吃晚飯。他們通常是在雪萊的房間裡進行思想的交流。

他們所居住的房間，絕對可以說是非常混亂的 —— 一大堆的化學儀器、書籍、電子機器、沒有完成的手稿，以及那些被酸性物質腐蝕出了一個洞的家具，都隨意地擺放著。誰也不敢輕易地使用雪萊的那個酒杯，擔心那個價值七先令的酒杯會溶解成為王水。他們使用鋒利的剃刀來開啟一些木製箱子的瓶子，很多名貴的書籍則被用來支撐油燈坩堝。在雪萊處於興奮狀態時，他始終將那雙好動的手放在他認為舒適的地方。在這

個房間，他經常與朋友們一起閱讀或是討論到深夜。在這個時期，他們主要閱讀的對象是洛克、休謨（David Hume）與法國論文學家們的作品。雪萊對形而上學思想所表現出來的偏見，在這個時候就開始展現出來了。他如飢似渴地閱讀著邏輯學，並在辯證討論的過程中，懂得如何加以運用。根據霍格的觀察，在對一些事情或是概念進行確認或是理智推理的過程中，雪萊從未失去對某個爭論議題的專注力，也絕對不會陷入吹毛求疵的個人爭論。他學會了像蘇格拉底那樣，如何更好地跟隨著別人的對話，同時不需要考慮到這場對話可能帶來的後果。柏拉圖是他們喜歡的另外一個作家。但是，霍格卻用肯定的口吻告訴我們，他們都是透過閱讀翻譯的書籍去了解這位神聖的哲學家。直到後來，雪萊才開始閱讀希臘版本的柏拉圖對話集：但是，達西爾夫人所翻譯的版本，對雪萊的情感智慧產生了巨大的影響。事實上，雖然在這個時候，雪萊已經開始認可了物質主義的結論，但他在內心深處始終是一個理想主義者。因此，將詩人與聖人融為一體的柏拉圖，對他有著強烈的吸引力。關於記憶的理論，經常會讓他產生一種奇怪的視野，讓他陷入了某種形而上學的幻想當中。雪萊在人生早年所掌握的這些知識與思想，在他的想像力方面留下了深刻的印象。有時，當雪萊走在大街上看到嬰兒，都會停下腳步，用渴望的眼神看著他們，想像著這些嬰兒受到禁錮的靈魂是否與前世中被隱藏起來的智慧是一致的。

在知識求索方面，當時的雪萊始終是如飢似渴的。「沒有哪一名學生像他那樣，如此勤奮地進行閱讀。無論你什麼時候見到他，都會看到他手上拿著一本書。無論春夏秋冬，他總是在閱讀著某些書籍。無論在書桌，躺在床上，特別是在散步的時候，他都經常會讀書。不僅是在安靜的鄉村，還是在荒無人煙的小徑上，不僅是在牛津大學，在公共大街還是在車水馬龍的倫敦大街上，雪萊總是手不離書。每當他開卷閱讀一本書，總是會全神貫注地進行閱讀。無論是在齊普賽街、克蘭本小巷，還是在邦德大街，或是在一條孤獨的小徑，或是一個沒有多少人的圖書館裡，他都能一樣忘我地閱讀。有時，一些多管閒事的傢伙還是會想著侮辱或是惹惱這位古怪的傢伙。雪萊總是會迅速躲閃到一旁，避免那些人惡意的打擾。」還有下面這一段話也可以說明──「我從未見過一個像他那樣，如一個飢餓之人狼吞虎嚥地閱讀書籍。我認為，在這個時期，他將三分之二的時間都投入到了閱讀當中。我可以毫不誇張地說，甚至是在一天二十四小時裡，他花在閱讀方面的時間大約為十六個小時。在牛津的時候，他在閱讀這方面表現出來的勤奮程度，是所有人學習的榜樣。後來，他每天閱讀的時間更長了。有時，我認為他甚至將這個習慣發展到了一種過猶不及的程度了：我敢肯定，至少我是無法學習他這樣的做法。」對雪萊來說，學習是充分滿足他內心激情與渴望的一種方式，而不斷地掌握知識，則是通

向三位一體至聖所的入口。「很多缺乏虔誠情感的人都無法理解到底什麼才是真正的敬畏精神 —— 世界上很多粗心大意的可悲之人，根本無法理解什麼才是真正的熱情 —— 很多人也無法用話語去表達出眼睛所看到的一切，無法表達出讓他們的內心處於騷動的情感。當雪萊第一次接觸這方面書籍的時候，認為這些都是歷史上一些過期的神祕主義哲學：他的臉頰會泛起紅光，他的雙眼會發出光亮，他的整個人都會為之顫抖，他的全部注意力都集中於如何去了解前人的思想深度。他在靈魂世界裡所進行的那種迅速而又激烈的對話，完全是源於他內在的一種本能的渴望與激情的燃燒。這就好比是一堆乾草遇上了烈火，在不斷升溫的情況下，必然會出現熊熊燃燒的結果。」

　　無論是在伊頓公學還是在牛津大學，雪萊都拒絕像其他學生那樣，按照傳統的教育方式去接受教育，或是在固定的思維圈子內進行思考。很多人將學習亞里斯多德的作品視為一種必須要完成的使命，在他看來則是對亞里斯多德的一種侮辱。若是低年級的學生不被允許閱讀亞里斯多德的作品，那麼這反而會強烈激發他想要去更加了解的決心。對於數學與法律體系方面的知識，他則表現出明顯的反感。英國國會的很多常識與慣例方面的知識，對他沒有任何吸引力。他也幾乎不怎麼閱讀報紙。雖然他對很多重要的政治問題都非常感興趣，但他還是無法忍受每天的報紙經常報導這些細節的

做法，因為他更加關注的是政黨紛爭背後的根本原因。若是從這個角度來看，我們就可以發現雪萊對細節會表現山一種不耐煩的情緒。雪萊這位自力更生的天才所表現出來的勇敢與智慧，既可以說是他的人生力量，也可以是他的人生軟肋。他在談到日後投身到國會方面的事情時，都會流露出反感的情感。他曾對霍格說，雖然很多人都向他表示，到國會發展符合他的地位，甚至連諾福克公爵也建議他日後這樣做，但是他卻不願意與國會裡的那些烏合之眾整天待在一起。不管怎麼說，雪萊還是產生了一種模糊的概念，即他最終有可能要繼承父親在國會裡的席位。

雪萊在心智活動方面表現出強烈的渴望，因此這必然會對他的心靈狀態的運轉產生斷斷續續或是變化無常的影響。霍格就特別在一段著名的文字裡，談到了雪萊的這些習慣。既然霍格的這段文字能夠讓我們對這兩位朋友有如此生動的認知，那麼我們最好在此進行一番引述。「後來，我可以在晚上繼續我的學習，但這樣的學習是非常特殊的。我那位年輕且精力充沛的朋友，當時正在被極端的睏意所征服，但這種睏意很快就從他的身上消失了。他每天一般只睡兩到四個小時，而他在睡覺的時候，就像陷入了不可見底的深淵一樣。他偶爾會靠在沙發上睡覺，但更多的是將地毯鋪在一堆火前，就像一隻貓那樣躺著睡覺。他那個又小又圓的頭部正對著熾熱的火苗。每當看到這樣的景象，我就會想，他到底

是如何抵擋那麼高的溫度。有時，我也會提出睡在旁邊，但這對他沒有任何影響。因為陷入沉睡中的人通常都會讓自己感到溫暖，因此會在睡眠中不自覺地朝著溫度較高的地方那裡滾過去。雪萊對高溫表現出來的那種麻木是讓人驚嘆的，但他有時也會在睡眠過程中，說一些語無倫次的話。在六點鐘的時候，他會突然睡醒，然後正襟危坐。有時，在他進行最生動的描述或是最有趣的討論時，也是這樣的。當他躺在床上，就會處於一種全然的失憶狀態，彷彿全世界就只有他一個人。到了十點鐘，他也會突然起來，用力揉一下眼睛，然後用手抨一下長髮，接著馬上參與到與別人的激烈討論當中，或是開始背誦一些詩歌。他所背誦的詩歌，要麼是自己創作的，要麼是其他人創作的。他背誦的速度非常快，這需要具有強烈的能量。」

　　透過雪萊的朋友霍格的描述，雪萊的人格特質，與他對智慧與生理層面上美感的追求，都一樣是充滿熱情的。深沉的愛意是他個人本性的根基與基礎：這種愛意一開始會以對家人的愛意呈現出來，之後就以友情的形式展現出來，之後以一個年輕人的激情表現，接著在表現出對同胞們的那種強烈且持續的奉獻精神。在諸如「仁慈」與「慈善」等字眼裡，始終都存在著某種讓人心裡感到顫抖的東西。要是一個人對這個世界感到了幻滅，就必然會用倦怠麻木的眼光去看待這個世界，或是不相信這個世界竟然還有真正的愛意。因此，

我絕對不會用這些字眼去描述雪萊那種無私的激烈情感。正是這種無私的激烈情感引領著雪萊對人類感受到的悲傷與歡樂充滿了興趣。正是這種無私的激烈情感，讓他的想像始終都充滿著人性，從而趨於完美。正是這種無私的激烈情感，才讓他在每一天都會做出很多友好的舉止。下面，我想引用一下他的朋友描述雪萊的第一印象，或是他們對雪萊的一些回憶：

「對於一個只有二十一歲的年輕人所擁有的經驗來說，他的思想是那麼的狂野。但是，他內心的熱情與認真，卻隨著不斷增加的知識而變得越來越強烈。他內心那種仁慈與無邊的善意，是他這個人身上最明顯的特徵，也是他這個與眾不同的年輕人給人的最大感受。若是有人將他的行為舉止以及表達的思想視為一種預言的話，也沒有誰會對此感到吃驚。因為，他所表達出來的思想，我尚未找到另一個可以與他相媲美的人。」

「我無法找到另一個與雪萊在道德感充分發展方面相比的人。沒有誰比他對正確與錯誤有著更加深刻的洞察力。」

「雪萊對智慧的追求有著強烈的情感。他所表現出來的那種天才活力，可以說只有在天國裡才能找到。他的人生在純粹性與神聖性方面，也是表現得極為突出。」

「我從未認識一個比他更值得人們崇拜的人了。他對虔誠原則的堅守是那麼的強大。」

「我有幸與這位紳士的代表相處。雖然我也很尊敬很多人（請原諒我的坦率與我的傾向），我可以肯定一點，雪萊是我到目前為止認識的人當中，唯一一個可以算得上是完美的人。即便是在某些具體的細節上，他都表現出一個真正具有完美教養的人的典範。」

「雖然雪萊天生的本性讓他表現出溫和的態度，但他在很多時候都感受到了來自別人的冒犯，他也對此感到憤怒。有時，別人一些粗俗或是無禮的玩笑，特別是這些玩笑是不道德或是不純潔的時候，他對此非常反感。在面對後者時，他的憤怒情感是極為強烈的，他對此表現出的不安也是顯而易見的。不過，他有時也特別喜歡別人說的一些充滿智慧的笑話，特別是充滿想像力的笑話。也許，這些笑話包含著某些充滿幻想的滑稽成分 —— 也許，他之所以喜歡這樣的笑話，是因為他本人缺乏開玩笑的能力。」

「我從未見到一個像他這樣，始終堅守著兩個原則的人。他堅守的第一條原則，就是始終對追求自由有著不可遏制的強烈愛意，這包括了對抽象事物追求自由的原則，其中包括了對古代共和制模式的追求，而根本不需要談及當代英國的政治體制，因為他對英國政治體制知之甚少，也對此根本不關注。他所堅守的第二條原則，就是對包容所有觀點的強烈愛意，特別是宗教方面不同觀點的包容。他在這方面所表現出來的包容，是全面、徹底、普遍且沒有任何限制的。若是對他後面堅持的這條原則進行歸納或是演繹的話，我們可以

說，他對任何一種迫害別人的形式，無論是公開的還是私底下的，都表現出強烈的反感。」

　　雪萊的朋友們作出的上述評價，都可以證明雪萊在道德品格方面有著純潔與崇高的強烈追求，而且這是很多不怎麼願意讚美別人的人，且性情與雪萊有著很大差異的人所說的。若我們只是單純看到雪萊個人形象的這一面，那麼我們幾乎可以使用他那些最熱情的崇拜者所使用的語言，將他稱為大天使了。但是，我們必須要承認一點，雖然雪萊是一個純粹、隨和且高尚的人，但雪萊的美德卻經常被他表現出來的怪異行為，或是某些近乎於瘋狂的舉止所影響，這也導致了他與他身邊那些最優秀的人之間的關係。雪萊所擁有的一些優良特質都處於過度的狀態。雖然，這樣說有點自相矛盾，但這也是一個客觀事實。雪萊是一個可能過分寬容，或是過分追求自由的人：正是這種對自由與寬容等美德的過度追求，才讓雪萊有時會在情急之下，做出或是說出一些讓世人感覺是不寬容的舉止或是話語。

　　關於雪萊在詩歌方面的研究，我們在雪萊這個時期，並沒有找到更多的資料。他在想像方面所表現出來的天賦，也許可以與那些閃耀出藍色或是紅色光芒的雙子星可以相比：因為這是由在兩個領域內 —— 詩歌與形而上學 —— 做出重大貢獻的人散發出來的。在這個時候，雪萊仍然處於攀

登高峰的階段。不過，有趣的是，雪萊經常會反覆閱讀蘭道（Walter Savage Landor）的《蓋比爾》這本書──在雪萊看來，蘭道的這本書，要比騷塞（Robert Southey）的史詩或是孟克‧路易斯那些鬼魂式的詩歌來的更好。某天，霍格發現雪萊正忙於修改他所寫的一些詩歌手稿。雪萊詢問霍格，他對這些詩歌有什麼看法。霍格回答說，要是稍微做一些修改的話，這些詩歌可以變成非常有趣的滑稽戲。霍格的這個回答，激發了年輕的雪萊的想像。與霍格的這段友情，很快就影響到了雪萊在一些嚴肅創作方面的方法。若是真的按照霍格的想法去進行修改的話，那麼這些詩歌肯定會變得非常荒謬。在實現了他們想要達成的目標之後，就認為這些詩歌手稿已經適合出版了。但是，這些糅雜著反對專制，與宣揚革命性思想的詩歌，誰會願意看呢？佩格‧尼克爾森是一位發瘋了的洗衣女工，最近想要嘗試用雕刻刀來雕塑出喬治三世。可以說，沒有比她更加適合的作者了。他們將自己創作的小冊子以她的名義來出版，書名上所謂的編輯是她的一位姪子。印刷工人與他們一樣，也不怎麼欣賞這些。雪萊提供了很多優質紙張與列印機。沒過多久，這本在很多人看來充滿著無稽之談的小冊子，就到了牛津大學很多學生的手上。這本小冊子的價格很貴，一本半克朗。真正讓人感覺不可思議的是，一位律師在看到這本書之後，竟然認為這是一本真正的作品。「現在，在公共場合下閱讀這本書，已經成為了

一種時尚，這也是一個民眾對詩歌的品味有了提升的表現，也是衡量他們對精神追求的最好標準。」這本小冊子的名稱是《瑪格麗特·尼克爾森遺作選集》（*Posthumous Fragments of Margaret Nicholson*），編輯是約翰·菲茲維克托。這位捏造出來的姪子的名字，讓我們想起了維克托與卡奇爾所創作的原創詩歌，並產生了一個問題，那就是這個選集裡的詩歌，是否還沒有將這位女洗衣工的思想全部表達出來？

雪萊接下來要出版的內容，或者說想要出版的書籍，在內容上既沒有什麼純粹的思想，在最後的結果上也不是那麼有趣的。在離開伊頓公學之後，他繼續著這個從林德那裡學來的習慣，就是與那些他並不認識的名人進行通信。因此，我們可以發現，在這個時候，雪萊會給費莉西亞·布朗尼女士寫信（也就是後來的赫曼斯夫人）以及利亞·亨特（Leigh Hunt）寫信。雪萊在與這些人通信的時候，會提出各式各樣的問題。雪萊對辯證法的興趣在牛津大學是最為強烈的，他現在可以參加哲學與宗教議題上的討論。正如上文所提到的，雪萊最喜歡的作家是洛克、休謨與法國的物質主義者。受到本性中某些特殊衝動的驅使，雪萊採用了一種對膚淺的唯名論哲學做出負面結論的做法。他所持的一個基本觀點，就是在面對所有問題時，不管這些問題是否是之前那些智者已經篩選過或是得出過結論的問題，都應該保持開放的態度。在他對自由無節制的渴望下，他想要成為那個摧毀有害

神學幻想的「殺神者」。換言之，雪萊在牛津大學讀書期間，從之前的那種信仰無差別論一躍到基督教的狀態，進入了一種強烈敵對的態度。為了為他所提出的很多問題找到一個答案，他印刷了休謨以及其他作家一些文章的內容，用來反對神性的存在，並提出了一系列的建議，最後煞有介事地用數學的方式寫著「證明結束。」雪萊將這些印刷內容拿給反對他的人看，表示他沒有能力回答裡面的問題，然後禮貌地要求他們給予他一些幫助。當別人答應了他的請求之後，就會發現在這個問題上任何不謹慎的回答，都必然是錯誤的。然後，雪萊用毫不留情的嚴苛態度去摧毀那些人脆弱不堪的推理過程。雪萊的這本只有兩頁之內容的小冊子的名稱是《無神論的必要性》（*The Necessity of Atheism*）。這本小冊子的傳播範圍，超過了上述所談到的那個範圍。這可以從《牛津大學學報》與《城市先驅報》（1811 年 2 月 9 日）的廣告上看到。不過，這本小冊子並沒有真正出售。

　　這本小冊子的複製本流傳到了另一所大學的老師手上，他讓這所大學的校長得知此事。1811 年 3 月 25 日，雪萊被叫到了大學高級會議廳，然後被質問是否為這本影響人心的小冊子的作者。雪萊拒絕回答這個問題，最後他被學校正式下達退學令。這所大學的管理者後來被很多人指責，指出在這件事上的處理方式是非常不公平的。因此，有些人表示，他們應該走法律程序，傳喚證人，而任何處罰決定都必須要

與所犯罪行相對應，並且在此之前，不應該執行退學令。關於前面的這項指控，我認為，這個年輕人可能仍然處在比較思想幼稚的狀態，因此他才會拒絕承認犯下了這麼一項嚴重的行為，因此，我們完全有理由希望他的指導老師，透過英國法院的標準方式去執行。毫無疑問，很多人都為他才是這本小冊子的作者而感到高興，否則的話，他們都要冒著被學校開除的後果。他們對此提出的主要問題，可能還是應該希望給予這個學生一個道歉的機會，但他們認為這位學生不會接受這個機會。關於第二項指控，誠然，雪萊是一個非常友善、隨和與睿智的人，得到每個人的尊重，也許正是這樣的想法才讓他收回了這本小冊子。但是，我們必須要記住一點，他發自內心地鄙視牛津大學那些老師，而那些老師可能也意識到了這點。雪萊是一個聰慧與冷靜的理智主義者，而那些老師則根本不屑於就這些話題進行任何爭論。雪萊在牛津大學就讀的短暫期間裡，並沒有展現出自己是一個容易馴服的人，從而得到上級老師們的喜歡，而那些老師希望這位天才能夠順從他們的意志。因此，這些老師可能對於開除雪萊這樣一位影響到他們正常社交圈子的人，並不會持反對態度。現在，這些老師也遇到了這樣的機會。雖然霍格努力想要緩和雪萊那本小冊子所帶來的影響，但作為擁護與宣揚無神論主義的雪萊，在傳播的過程中，卻沒有被那些養尊處優的教會權威們所影響。事實上，真正應該遭受指責的人，正

是這些人：首先，他們的思想比較僵化，無法察覺到雪萊身上所表現出的這種可親的特質。其次，他們在對雪萊做出那樣的懲罰之前，事先就已經懷抱著很深的成見。無論是霍格還是雪萊，都指責這些人的做法是非常殘暴的，在如此重要的場合下是根本不合時宜的。在這個新世紀到來之初，牛津大學老師的行為方式以及學識，可以說處在歷史的最谷底。牛津大學的教職員工大會所做出的行為，雖然並不是完全缺乏正義的，但卻完全是源於自身的無知，才會做出決定開除雪萊的決定。在這場危機當中，霍格始終堅定地站在他的朋友雪萊身邊，就像學校那樣對抗雪萊那樣，對抗著學校。霍格表示，學校在雪萊這件事情上掌握了很多真憑實據，並且表明了雪萊做出自己就是這些小冊子作者的證言，因此雪萊應該遭到開除。3 月 26 日的早上，雪萊與霍格一起乘坐馬車離開了牛津。

　　雪萊對自己遭到開除一事，產生了強烈的苦澀感覺。在牛津大學的時候，除了大學提供的那些讓人懨懨欲睡的課程以及那些毫無用處的考試之外，雪萊非常享受私人閱讀的時光。雪萊非常享受閱讀帶來的樂趣。更為重要的是，雪萊從自己所選擇的朋友那裡，感受到了深沉的快樂。現在，他不得不要與倫敦那些人交流這些事情。雪萊的父親在以笨拙的方式與牛津大學達成和解失敗之後，決定禁止雪萊回到菲爾德普萊斯。可以說，雪萊之前的生活模式徹底破碎了。他

想要與堂弟們重新恢復往日的友情，這個想法也只能被放棄了。此時，雪萊在經濟方面的狀態也是非常窘迫的。在很短時間裡，他就注定失去了一位願意與他一起分享個人生活的朋友。但是，想要重新回到英國最著名的學府就讀，想要緩解父親對此的憤怒，或是透過做出讓步來擺脫目前困境的想法，卻從未出現在他的腦海裡。雪萊知道，自己必須要為堅持真理與自由付出代價。他也願意為了自己的良知而忍受這樣的犧牲。

第三章

倫敦的生活

與第一次婚姻

在此，我們有必要追溯一下雪萊的無神論思想的發展過程，並對此進行一番分析。雪萊的本性中有一個核心的特點，就是他對任何虛假或矯揉造作都有著一種無法和解的敵意，而他的這種敵意很容易變成對任何一種慣例形式表現出不耐煩的拒絕，認為這些慣例形式的存在是毫無意義的。雪萊出生在一個地主階級的家庭，從小可能就會有這樣的成見，在很多瑣碎且毫無意義的陳詞濫調的生活中成長起來，之後開始閱讀英國方面的哲學書籍。但是，他那活躍的精神卻飛躍到了與自己所學的思想完全相反的對立面，這也讓他從一開始就對原先的思想做出否定。他對自由的狂熱追求，他對不寬容行為的怨恨，他對任何控制自我與他人的做法缺乏耐心，他那強烈生動且真誠的邏輯思想等特質，一旦組合在一起之後，就讓他成為了一個擁有極端思想的唐吉訶德式人物。他對於成為一個睿智的人無所畏懼，對從來不會因為外界的壓力而選擇放棄自己的判斷，過分相信打破陳規陋習的極端重要性，在沉默中慢慢讓自己的人生觀點趨於成熟。他是一個有著年輕人無限勇氣的人，希望在第一次攻擊的時候，就能攻下「無政府主義傳統」的城堡。他最喜歡的理想，就是萊昂這個年輕人所擁有的理想，這樣的一個年輕人有著流暢的口才，可以用語言的力量粉碎任何專制所帶來的束縛，正如陽光融化了四月早晨的冰雪。雪萊認為，在面對任何暴君的時候，都必須要勇敢地舉起反抗的旗幟 —— 有

必要播下《無神論的必要性》，並將這樣思想傳播到教堂的主教那裡，透過他的詩歌來傳播這樣的思想。這並不是因為他想要對此進行辯護，而是因為整個社會必須要意識到，不偏不倚的所謂公正態度，其實是最讓人憎惡的。雪萊天生有著伊斯瑞爾（Itherael）手上那把鋒利的矛，去刺穿虛偽這一面具的天賦，因此雪萊在靈魂的每次召喚下，都會想辦法去摧毀教條主義與傳統信念所帶來的禍害。雪萊似乎也從未意識到一點，在他不斷將隱藏普通人性的遮羞布扯下來的時候，可能會將那些所謂高尚之人的思想的遮羞布都一同扯下來的後果。在他這位詩人哲學家的想像世界裡，真理的財富、愛意以及美感都如鮮花般盛開，但他卻想要摧毀這個海市蜃樓般的表象。他沒有看到任何空白的東西，而是看到了一種精神所建築的永恆城市。他從不懷疑他的同胞是否有幸去感受到這樣的思想。

　　雪萊從來都沒有要進行任何妥協的想法，也根本沒有要將真理與謬誤混淆在一起的想法，逐步地從神祕所帶來的模糊中走出來，然後獲得積極正面的知識。他從來都不是穩穩當當地去追求一些目標，也從來不會說服自己去接受一些已有的限制。他的內心充斥著對人類的愛意。因此，他對人類在在這樣的環境下做出這樣的表態或是想法，是缺乏憐憫心的。要是他能夠推翻「無政府主義的習慣」，那麼千禧之年就會馬上到來。他也從未思考過，自己的靈魂與芸芸眾生的靈

魂到底存在著什麼不同。在雪萊看來是充滿生命力的事物當
中，他對於過去時代那些僵化的經驗沒有任何敬意。進化的
原則過程與過時的事物與充滿生命力事物之間的紐帶，因此
這樣的思想在他的邏輯世界裡才占有一席之地。法國大革命
帶來的那種疾風暴雨般不妥協的精神，急切地想要砸碎舊世
界，然後在一天裡建造出過去數百年才能建造出來的制度。
對雪萊而言，這樣的想法仍然是非常新鮮的。在那個充滿激
情的年代活過來的人，那些對這種激情已經感到厭倦的人，
以及那些因為那種反動革命情緒而遭受嚴重後果的人，都無
法理解這種年輕人眼中所表現出來的堅強信念。而正是這樣
的堅強信念，讓雪萊在那個不可能實現的理想世界裡，展翅
高飛。因為他有著堅定的信念，而這種信念讓他堅信自己的
理想是有可能實現的 —— 讓他相信摧毀任何一切偶像崇拜的
事情，都是他的責任與應該去做的事情。他堅信自由、博愛
與平等的精神。他堅信自然世界所具有的神祕美感。他堅信
愛意控制著整個宇宙，他相信人是可以不斷趨於完美的。他
相信無所不能的靈魂，認為我們的靈魂就像原子。他相信這
樣的情感，就是控制著道德世界的一種物質。在他看來，那
些按照這種信念去生活的人，絕對不是世俗人眼中看待無神
論者所表現出來的那種庸俗。當雪萊宣稱自己是一個無神論
者的時候，當他說出自己對宗教 —— 那些成為國王或是教士
奴役國民之工具的東西 —— 充滿陰鬱時，表達出了強烈的仇

恨。正如他告訴自己的朋友特里洛尼，他經常使用無神論這個名詞「去表達出他對任何迷信的反感。他將這個詞語看成了一位騎士拿起了金屬護手，用來對抗一切不正義的事情。」但是，雪萊的這種信念實在是過分強烈了，因此始終表現著敵意。雪萊堅定地相信自己所堅持的這種思想－－這是一種充滿激情的實證主義思想，一種似乎不存在上帝的思想，因為這種思想本身就是代表著全能的上帝──雪萊深信，他唯一要去做的，就是摧毀任何世人習以為常的成規觀念，因為照耀在他身上的光芒肯定會不斷發散出去，最終讓這個世界充滿美感。只要雪萊堅持認為，普通人對神性概念的理解不足，始終對以任何基督教名義去行殘暴行為之實的事情表達憤怒，那麼他就是一個無神論主義者。只要雪萊宣稱每個人都不可能預知未來，不可能真正了解那些無知的世界時，他就被稱為一名不可知論者。雪萊在這些問題上無所畏懼的表態，讓他成為了智慧領域內的孤膽英雄。但是，在他的靈魂世界裡，卻充斥著對人類的信念與愛意，這是一種極度宗教化與睿智的想法，因此無法用庸俗的名詞去進行衡量。

雪萊堅持這些信念的做法，就是將世間最重要的價值都與這一堅定的信念連結起來，包括了對傳統的抵制，對智慧自由精神的熱忱，都是他願意不惜一切代價去維護的。不過，他所堅持的這些精神，卻被過分誇張的說法、漏洞以及過多的主觀認定所影響。凡是傳統的事物，雪萊都希望去摧

毀，追求真實且真正擁有的東西。雖然他想像出的很多東西
都是可以替代的，但他所想的往往是空洞與充滿敵意的幻
象。他缺乏成熟的哲學思想作為基礎，從而對很多假冒的社
會名詞區分開來。在他被強烈的熱情所控制的時候，他會控
制自己的常識，而這通常又會被幼稚且無知的打破成規的傳
統所影響。他堅持這種信念的積極一面是非常珍貴的，這不
是因為它符合常識、科學精神或連貫，而是因為這是一種每
個人都能感受到的強烈理想，也能夠穿越我們所能理解的本
性。堅持這樣的理想，可以讓我們穿越陰鬱與那些無法穿越
的無知世界。這就構成了雪萊精神領域內的莊嚴承諾，時刻
提醒他不要像那些不做出任何努力的野蠻人那樣去生活。

　　關於雪萊早年生活的諸多批評，都是針對他批評社會所
接受的標準做出的魯莽行為，針對他過分自信想要自己有能
力去改變這個世界的做法。不過，多年的生活磨練，讓他在
獲得智慧的同時，沒有澆滅內心的熱情，讓他在打磨理論漏
洞的同時，仍然保持著激烈的情感，讓他的哲學思想變得更
加成熟。倘若雪萊能夠活到足夠成熟的年齡，那麼他在年輕
時期的那些相對不成熟的思想，就有可能會閃耀出成熟的光
芒，讓世人能夠感受到他的思想所具有的反抗性與對比性，
從而對這個世界有更加深入的認知。

　　霍格與雪萊在回到倫敦沒多久，就定居在波蘭大街十五
號的房子裡。這條大街的名字吸引住了雪萊。「這讓他想

起了在華沙的撒迪厄斯以及他所追求的自由事業。」更加吸引他的是，這間房子的桌布上勾勒出華而不實的藤蔓格子架與葡萄，裝飾著整個客廳。雪萊曾表示，他要永遠都住在這裡。在雪萊短暫的一生裡，「永遠」一詞經常從他的口中說出來。可以說，沒有能夠如他突然間經歷如此大的轉變，卻仍然堅持自己的目標的人。他的很多自傳作家們都不願意耗費心思去追尋或是準確地記錄雪萊心血來潮的想法，或是他隨時居住的臨時住所代表的意義。在霍格前往約克郡從事法學研究不到一個月之後，雪萊獨自一人待在這個畫著藤蔓格子架的客廳裡，雙眼流露出明亮的色彩，在面對著這些酸葡萄的時候顯得焦躁不安。看來，在雪萊那充滿詩意的想像世界裡，永遠這個詞語，只是意味著稍微長的一段時間。」

關於雪萊在倫敦一開始居住的地方的紀錄是非常貧乏的，但這方面的紀錄絕對不是毫無意義的。我們可以了解雪萊在這裡與他的父親蒂莫西‧雪萊之間的談判或是對話，當然這些對話最後都是徒勞無功的。雪萊始終不願意放棄自己之前所堅守的立場。任何事情都無法促使他斷絕與霍格之間的親密關係，或是讓父親為他選擇適合他的指導老師。他父親找來的那位佩利老師，要是用雪萊的話來說是「那位佩利先生。」從而表達出他內心那種無限的鄙視情感。他們兩者之間的隔閡越來越深。最後，蒂莫西‧雪萊最後決定切斷給予雪萊的經濟援助，但雪萊已經狠下心了，決定願意為追求

自由做出犧牲。我同意雪萊最優秀的自傳作家 W.M. 羅塞蒂（William Michael Rossetti）對雪萊作為人子的行為的一番描述：因為雪萊此時比較年輕，並沒有以對待普通人那樣的方式去對待自己的父親。在雪萊的信件中，唯一能夠找到一段關於雪萊不原諒父親的段落，其實就是一段帶有侮辱性質的對話。讓人遺憾的是，這段話適用於那些壓迫他不去追求自由之人身上，而不是指向任何想像中的人。我們不應該說，雪萊對父親的反感達到了一種精神錯亂的地步。事實上，雪萊對父親的反感，相當程度上源於他自身對父親那種幻想所帶來的。對於雪萊這樣一個追求公正，為人隨和的人來說，怎麼會陷入一種如此錯誤的道德困境呢，無論這是因為他在童年時期的自信遭受過打擊，還是因為他對父親日漸增加的不信任，這都是一個無法解決的問題。我們只能知道，在他小時候，雪萊非常喜歡自己的父親，甚至在父親某次生病的時候，都流露出了不同尋常的情感。但在伊頓公學就讀的時候，雪萊已經開始對父親產生了一種陰暗的想法。這也可以透過林德博士在他發燒時前去探望他的事實看出來。之後，雪萊擔心著父親會對自己採取可怕的行為，雖然雪萊的父親只是一個年老的紳士，根本不會有這麼多的想法。我經常會有這樣的一種感受，那就是雪萊的這次發燒，對他的人生來說是一個轉捩點。這樣的幻覺加上當時精神錯亂所帶來的影響，肯定會在他的心靈深處留下深刻的印記，因為他的康復

過程是相當不順利的。但是，雪萊這樣的想法實在是太難以理解了，也沒有任何現實的證據可以進行佐證。

這個時候，雪萊發現要想支付房租以及購買必需的食物，已經是相當困難的一件事了。據說，雪萊的妹妹們節約下零用錢來幫助他：我們知道，雪萊經常前往妹妹在克拉彭廣場的學校那裡去。正是在這裡，他對任何形式專制的仇恨心理，在兩個場合下展現出來。「某天，」海倫·雪萊這樣寫道，「雪萊看到我們的咽喉位置懸掛著一個黑色的印章，看上去有點像我們因為行為不端遭受懲罰，他馬上就變得憤怒。他表示，這是非常不妥當的行為，整個教育體系都出現了嚴重問題，他認為自己的妹妹不應該遭受任何懲罰。我認為，另一次則是在他發現我佩戴著一個鐵圈，在他看來，這當然是一種用來折磨人的工具。事實上，我佩戴這個鐵圈並不是遭受懲罰，而是因為我經常喜歡到處走。但是，雪萊表示，佩戴這些東西會讓我變成一個不好的人，因此應該立即摘下來。」此時，雪萊在他妹妹的學校裡認識的一位朋友[11]，注定對他的人生產生重要的影響。哈麗雅特·韋斯特布魯克（Harriet Westbrook）當時是一個只有十六歲的女生，非常美麗，有著白裡透紅的皮膚，留著美麗的棕色頭髮，非常爽朗的聲音，以及愉悅的性情。哈麗雅特·韋斯特布魯克是一個

---

[11]　雪萊很有可能是在 1811 年 1 月第一次見到她。

在茅特大街開咖啡館的商人的女兒，因為他的個人形象，很多人都暱稱他為「猶太」‧韋斯特布魯克。哈麗雅特‧韋斯特布魯克有一位姐姐艾麗莎，艾麗莎有著深色的皮膚，看上很憔悴，但她那一頭濃密的頭髮，經常讓霍格魂牽夢繞。此時的艾麗莎的年齡是哈麗雅特的兩倍大，與她的關係有點像母女。這兩位年輕的女士以及他們的父親，都非常熱情地歡迎雪萊。雖然此時的雪萊身無分文，離開了家，並被家人切斷了經濟來源，但他仍然是一大筆財富以及從男爵的繼承人。因此，「猶太」‧韋斯特布魯克的咖啡店始終都非常歡迎雪萊的到來。

雪萊經常前往海倫的學校或是前往茅特大街去見哈麗雅特，很快就與她保持信件聯繫。雪萊在後來的一封信裡表示，希望能讓她相信自己所持的理論，並表示他的妹妹與她都能「成為一個自由、無私且善良的人。」一開始，哈麗雅特似乎對雪萊表達的觀點感到恐懼，但在這種情況下，雪萊無法低估流暢的口才所帶來的影響。雪萊就像福音派教士那樣認真地宣揚這樣的思想，宣揚自由思想或是無神論，並為自己能夠影響他的年輕學生而感到高興。在這個時候，雪萊似乎並沒有對哈麗雅特表現出特別的情感。但在沒有其他朋友的時候，他也喜歡與哈麗雅特在一起。哈麗雅特漸漸對雪萊產生了興趣，特別是在聆聽他講述在家裡與學校遭受父親的專制的事情。哈麗雅特對此表現的興趣，即便還沒有激發出

他內心愛意的種子，也激發出了他那種唐吉訶德式的情感。關於哈麗雅特在這段時間的感受，我們現在可以有所了解了。她後來表示，在這段時間裡，她感覺到自己的生活是非常無趣的，並想過要自殺。

　　1811 年夏天期間，雪萊的行為變得比之前更加怪異了，他的心智處於一種極為焦躁的狀態。5 月，他收到了父親寄來的信件。在這封信裡，父親允許他重新回到菲爾德普萊斯，並給他一年兩百英鎊的金錢。他的舅舅，來自庫克菲爾德的皮爾福德上校，在他們父子倆之間和解的過程中，扮演著重要的作用。雪萊在他舅舅的鄉村房子裡住了一段時間，之後在倫敦、庫克菲爾德以及菲爾德普萊斯之間往返，有時會突然前去拜訪他在威爾斯（Wales）北部賴厄德鎮（Rhayader）附近埃朗山谷居住的表弟格魯夫。雪萊的這次旅行還是值得一提的，因為這是他到目前為止第一次親眼看到瀑布與高山的景象。不過，他過分專注於對自然的興趣。他的內心陷入了衝突的狀況，一方面他對格魯夫小姐過去有著一定的感情，而現在則對哈麗雅特的興趣比較冷淡。而他的妹妹伊麗莎白與他的朋友霍格準備著籌辦婚禮方面的事情。雪萊在這個時期寫給霍格的很多信件，都是非常重要且有趣的，因為這些信件可以表明雪萊內心忐忑不安的情感，以及他當時的心智處於一種病態的興奮狀態。但讓人遺憾的是，雪萊的這些信件都很難去進行編輯，無論這是他有意為之還是無心的緣故。但不管怎麼說，我們還是無法根

據這些信件去得出一個確切的答案。不過，只要這些信件存在過，必然會引起人們對雪萊產生一些不好的猜想。因此，這些信件只能透過對日期的妥善分析以及進行一番解釋，才能消除讀者內心的疑竇。

　　與此同時，雪萊的命運卻正在以迅速的方式發生著深刻的變化，他突然間做出了一些果斷且不可逆轉的決定。在這個夏天期間，他準確地了解對哈麗雅特的情感，這是非常重要的一件事。霍格列印過兩封信件：第一封信件沒有標明日期，而第二封信件則有著賴厄德的郵戳。雪萊在第一封信的結尾處這樣寫道：「你開的關於哈麗雅特‧韋斯特布魯克小姐的玩笑讓我感到非常有趣：很多人都犯下了站在自己的立場去看待別人的錯誤。但是，如果我真的知道什麼是愛的話，那麼我就不會陷入愛河。我聽到很多人對韋斯特布魯克一家人的評價，他們做出的評價都是我非常看重的。」雪萊在第二封信的開頭這樣寫道：「也許，在你給我回信之前，你也許就已經見到我了，但誰知道呢！我肯定會前去約克郡的，但哈麗雅特‧韋斯特布魯克小姐會決定我是否會在那裡待上三週時間。她的父親正以不斷逼迫她去學校的可怕方式折磨著她。她尋求我的建議，我給出的建議是：她必須要做出反抗。與此同時，我也給韋斯特布魯克寄去了信件，希望能夠平息他的怒火，但沒有任何作用。在聆聽了我的建議之後，哈麗雅特就讓自己置身於我的保護之下。我在週一就要出發

前往倫敦了。這是一種多麼大的恭維啊！我似乎能在一瞬間裡思考很多事情。我到底說了些什麼？我敢說，自己只是說了一些非常滑稽的事情。我建議她要進行反抗。她寫信給我說，任何形式的反抗都是徒勞無功的，但她願意馬上過來與我在一起，並希望我能夠保護他。我們每年將會獲得兩百英鎊的收入。當我們發現這筆錢不夠用的時候，我想我們就只能有情飲水飽了！感恩與崇拜，這一切都需要我永遠地愛著她。我們會在約克郡那裡見到你。我將會聆聽你對婚姻問題所發表的高見。我現在完全相信你在這個問題上所說的每一句話。我想，我去到約克郡之後，也能找到一個落腳點。你給我的回信地址，可以寫道薩克維爾大街十八號的格拉漢姆家。」從羅塞蒂最近出版的這封信裡（1878 年 2 月刊登在大學雜誌上），我們可以進一步了解到一個事實，那就是哈麗雅特已經強烈地陷入了對雪萊的愛情當中，並且充分表達出個人的激情，投到雪萊的懷抱。

從上述的這些資料當中，我們首先可以看出一點，當雪萊與哈麗雅特一起私奔的時候，雪萊並沒有深愛著哈麗雅特。其次，雪萊也尚未準備好邁出婚姻的這一步。第三，可能是哈麗雅特引誘雪萊去走這一步。第四，雪萊當時產生了一種強烈的印象，那就是當時的哈麗雅特正在遭受父親的強烈壓迫。哈麗雅特讓他產生了一種對任何專制行為仇恨的強烈情感。哈麗雅特透過勇敢地反抗世俗，展現出願意成為他

妻子的勇氣，贏得了他的敬意。哈麗雅特表現出來的自信，讓他心懷感激。哈麗雅特選擇他來擔任自己的保護者，這讓他的內心深感恭維：除此之外，哈麗雅特完全聽從了他的建議，就是勇敢地站出來反抗父親。因此，若是從雪萊的角度來看，他有很多與哈麗雅特一起私奔的充分理由。但在這些理由當中，我沒有發現雪萊表現出任何一種自發且源於內心的情感，而這樣的情感是維繫長久愛意的基礎。

在這一系列的信件裡，加上霍格的粗心與任性所製造的煩惱，雪萊不止一次表達了他對婚姻生活的極端恐懼心理。但是，我們卻發現，此時的雪萊已經進入到了即將要與一位他不是非常深愛的女性結婚的境地，而這位女性則是毫無保留地愛著他。在此，我們最好停下來，認真觀察一下雪萊的行為。雖然雪萊一向在行為方式是無所畏懼且毫不妥協的人，但在面對這場「危機」的時候，他卻無法充分展現出給別人留下深刻印象的勇氣。但是，個人的軟弱有時也是值得尊敬的。他對女性有著普遍的尊重，而他對那位勇敢地向自己表達愛意的女性，則表現了溫柔的騎士精神 [12]。

「我那位不幸的朋友哈麗雅特，」雪萊 1811 年 8 月 15 日在倫敦寫道。他是匆忙回到倫敦，為他與哈麗雅特的私奔而做好準備的。「但是，她卻還沒有做出最後的決定。尚未準

---

[12]　可以參看雪萊給古德溫的第三封信，雪萊為自己的行為再次做出了一番辯護。

備好的人不是我，而是她。我親愛的朋友，我跟你說了多少次了。在我有空閒去進行思考的時間裡，我寫信給你的次數是比較少的，我一直在認真考慮你指責我匆忙做出這個決定的理由。毫無疑問，愛意與尊嚴的紐帶，這對於將任何兩個人的靈魂繫在一起是非常重要的。顯然，這些都是毫無疑問的，但是，憑藉著一種野蠻力量的影響，這種紐帶是細膩且讓人感到滿意的。但是，任何不切實際的爭論，或是更加糟糕的說法，比如女方為此做出了超過了本應做出的自我犧牲 —— 你所談到的這些話語，都具有無法反駁的力量，我也無法對此做出任何反駁。我不是說，我會直接表示，我非常欣賞你所提出的這些理論。現在，我已經成為了踐行婚姻的絕對信徒，這不是源於我個人的性情，而是源於你的觀點。我希望能夠學習你身上所具有的美德，希望自己能夠像你那樣。我並不為你之前反對婚姻的成見而感到遺憾。不，你之前滿懷激情所談論的那些觀點，比如女方為此所做出的犧牲，這些對任何一個男人來說都是無法做到的 —— 你的這些觀點都深深讓我折服。因此，倘若我不聽從你那更具智慧的思想，這將會是一個徹底的錯誤。」

　　無論雪萊站在自己特殊的觀點上，是否認為兩次結婚在道德層面上站得住腳，但這個充滿詭辯性質的問題經常困擾著我。雪萊在對哈麗雅特做出的行為給予的理由，證明了他有著一顆善良的心靈，對任何討論都保持著開放的心態，也

表現出了他無私的為人。但是，上述種種的行為，都與他之前公開宣稱的行為準則不完全相符。即便是在現在，我們也會發現，雪萊為自己的伴侶，竟然向世俗屈服，或是不再譴責他之前一再譴責的事情。因此，最後的結果應該是，雖然雪萊鄙視任何被世人所接受的東西，但更願意換一種角度去看待這個世界，從而使之適合內心的想法。他作為一個忠誠的紳士以及有著務實常識的觀念的人，這些都要比他的那些理論更加強大。

　　雪萊的表弟 C.H. 格魯夫所寫的一封信，就詳細講述了雪萊與哈麗雅特之間私奔的過程。「當雪萊最終來到城鎮上，與韋斯特布魯克小姐準備私奔的時候，他像往常那樣來到了林肯大街的菲爾德酒店。當時，我陪著他一起去見她，最後陪著他們在一個清晨出發 —— 我忘記了那是幾月分，也忘記了具體的日期，但應該是九月左右 —— 當時，我們乘坐一輛出租馬車來到了天恩泰街的綠龍地區，我們在這裡待了一整天，直到郵件馬車到來之後，他們就乘坐郵件馬車前往約克郡。」抵達約克郡之後，這對年輕的夫妻就立即前往愛丁堡。他們按照蘇格蘭當地的法律正式登記結婚。

　　私奔結婚的雪萊，犯下了在他父親看來是最大的罪行 —— 一樁門不當戶不對的婚姻。雪萊的父親在聽到這個消息之後，馬上切斷了給雪萊的一切經濟援助與交流方式。

因此，哈麗雅特與雪萊只能主要依賴於皮爾福德上校的慷慨解囊來勉強度日。甚至連猶太・韋斯特布魯克對自己的女兒與一年可以坐擁數千英鎊財產的繼承人結婚感到高興，但他也切斷給哈麗雅特的任何援助，因為私奔這樣的事情給父母的聲譽帶來了嚴重的影響，或是因為他對於雪萊日後的命運不是那麼的確定。後來，他給予雪萊每年兩百英鎊的經濟援助。早在 1812 年，雪萊就表示，他收到了兩倍於此的幫助。因此，我們可以得出一個結論，無論是雪萊還是哈麗雅特的父親，之後在這件事情上的態度都趨於緩和，繼續供給他們金錢。

雖然暫時陷入了身無分文的境地，但這對年輕的夫妻在喬治大街的住所裡，還是過著非常幸福的生活。霍格在九月初來到這裡與他們見面，就對當時這對夫妻的家庭生活進行了有趣的描述。雪萊夫婦每天的大部分時間都待在家裡大聲地朗讀。而有著優美聲音與強大肺活量的哈麗雅特，除非她可以閱讀或是評論她最喜歡的作家，否則她是不會感到開心的。有時，雪萊會在這樣的過程中陷入睡眠。但是，當他從睡眠中醒過來之後，就會渾身充滿活力，就像之前在牛津大學那樣，以充滿激情且具有說服力的口吻去論證一些哲學悖論。雪萊開始教哈麗雅特學習拉丁文，讓她從事翻譯科丁夫人所創作的一本法國小說。至於他本人，則是想要創作與布馮相關的一些文章。雪萊的一大特點是，無論去到什麼地

方，他都會不計成本地購買書籍。而當他突然要離開某個臨時住所的時候，他也願意將這些書留下來。因此，正如霍格所說的，在英倫三島的很多地方，都留下了雪萊所收藏的很多書籍，這些書籍足以組建一座圖書館了。雪萊夫婦在安靜的生活當中，有時也會前去附近的愛丁堡閒逛來增加生活的樂趣，霍格在一些口吻嚴苛的幽默評論中，就談到了這些事情。整體而言，霍格的這些描述給讀者的心靈留下的印象，就是雪萊與哈麗雅特在這個時期是非常快樂的。哈麗雅特也是一位非常具有魅力且性情溫和的女性，有時過分專注於研究一些過時的倫理，在對問題的敏感方面有所欠缺。但整體而言，她都是非常適合雪萊的一位伴侶。

不過，他們並不滿足於一輩子都在愛丁堡生活。為了恢復在約克郡的法律研究，霍格不得不要離開這座城市。在這段時間裡，雪萊的生活規劃必然需要他去選擇一些志同道合的朋友。因此，雪萊最後決定，他們三個朋友應該「永遠」地定居在約克郡，可以相互照應。他們乘坐驛遞馬車出發。哈麗雅特在車上大聲地朗讀著現在早已被人遺忘的霍爾克羅夫特的小說，顯得精力旺盛，為整個沉悶的旅程增加了一絲生氣。抵達約克郡之後，生活上遇到的很多麻煩，就打破了他們三人原本所想像的快樂日子。首先，他們在選擇住所方面做出了錯誤的判斷。其次，雪萊發現自己不得不要耗費很多錢前往倫敦，希望與他父親的律師惠頓達成一些妥協，但最

終無功而返。蒂莫西·雪萊急切地希望讓自己這位古怪且不聽話的兒子安分下來，從而在他去世之後繼承家業，因此他想要完全控制住雪萊。蒂莫西·雪萊提出了諸多的安排。在雪萊前往約克郡居住沒多久，蒂莫西就提出了，如果雪萊願意讓他的兒子接手管理家族的土地，那麼他可以立即給予雪萊提供兩千英鎊的幫助。但是，蒂莫西的這個建議遭到了雪萊憤怒的拒絕。雪萊意識到，這些所謂的財產更多的是一種負擔，而不是真正擁有的財富，因此他絕對不願意讓自己陷入這樣的束縛當中，不願意讓自己的後代在對此一無所知的情況下，去接受這樣的條件。這是雪萊在面對多個這樣的局面時，都選擇了犧牲安逸、舒適的生活，為了原則去過上拮据生活的例子。

回到約克郡之後，雪萊很快就發現，在他們的住所附近，有一位新認識的好朋友。這位無與倫比的艾麗莎，就是後來引領著雪萊的命運走向萬劫不復深淵的人，此時剛剛從倫敦回到了這裡。哈麗雅特認為，她的姐姐是一個在美麗、常識以及得體方面都是楷模的人。她就像對待母親那樣對待自己的姐姐，從未質疑過她的智慧，愚蠢地允許她介乎於自己與丈夫之間。霍格之前就在一個朋友圈子裡認識了艾麗莎，並稱她「是一位非常美麗，優雅的女性，散發出優雅的氣息，她的臉龐是那麼的可愛 —— 一雙深色明亮的眼睛，一頭烏黑光滑的頭髮。而且她還是一個通情達理、為人風趣的人。」現在，讓我們聆聽

一下霍格對這位女性的描述。當然，霍格並不愛這位女性，而可憐的雪萊後來也根本沒有任何感激她的理由。「她的年齡要比我想像中更大一些，她看上去要比實際年齡更大一些。她那張可愛的臉龐布滿了痘痘，看上去就像死灰一樣。就像用骯髒的水煮過的稻米一樣。她的那雙眼睛是黑色的，但顯得毫無神色，也沒有傳遞出任何意義。他的頭髮是烏黑且具有光澤的，卻顯得粗糙。她留著短頭髮，就像馬匹的尾毛一樣。她之前的好身材，現在竟然變得越來越消瘦與萎縮了。她之前的美感、優雅的舉止，此時都已經完全消失了，現在只是部分存在於她那位年輕妹妹身上。正如哈麗雅特跟我說的，她的父親經常被人暱稱為猶太·韋斯特布魯克，而艾麗莎則很像猶大的那位有著黑色眼睛的女兒。」

　　毫無疑問，上述關於艾麗莎的個人形象描述，顯然是出於一位對她有著敵意的人之手。在霍格所寫的人物傳記裡，每當談到艾麗莎的名字，都會以充滿諷刺的筆觸去反覆地論述。除此之外，我們還聽到這樣的消息，那就是艾麗莎如何教導正處於人生青春的哈麗雅特去臆想她正成為個人思想的受害者，她是如何限制哈麗雅特不去進行自己喜歡的研究，以及如何透過不斷談論她早年遇到的格倫迪夫人的經歷來管理這個家的。「沃恩小姐在這個時候會怎麼說？」這是艾麗莎經常說的一句話。如果我們要稱讚霍格描述的準確的話，那麼描述的刷子與梳子其實都在艾麗莎的手上。

艾麗莎的突然到來，擾亂了雪萊日常生活的平靜。不過，雪萊在 1811 年 11 月與他的妻子以及妻子的姐姐突然間前往約克，也許有著更深層次的原因。雪萊的一名自傳作家用肯定的口吻斷言，雪萊完全有理由埋怨霍格不了解他的妻子哈麗雅特，並且談到了一些有趣的文章，最後霍格將這些文章整理起來，作為歌德的《少年維特之煩惱》（*The sorrows of young Werther*）的續集。但這些文章被認為是麥卡錫先生所寫的，這是雪萊給自己的一位朋友所寫的信件，用來確認他的觀點。不過，雪萊之所以突然選擇離開約克郡，也許根本不是為了讓霍格明白他們的決心，因此這在麥卡錫所寫的關於雪萊的傳記裡，就沒有詳細地談論。

他們一行人的目標地是凱瑟克（Keswick）。抵達這裡之後，他們在這裡住了一段時間，之後搬到了一間裝修過的房子。也許，雪萊之所以特別喜歡有湖泊的村莊，是受到了很多之前曾居住在這裡的名人的吸引，同時也受到了這裡美麗景色的吸引以及廉價的租金。他一直都非常欣賞騷塞的詩歌作品，此時也正在研究華茲華斯[13]與柯勒律治[14]的作品。但是，如果他想要與這些湖畔派的文學巨匠們在這樣的地方停

---

[13] 威廉·華茲華斯（William Wordsworth，1770-1850），英國浪漫主義詩人，與雪萊、拜倫齊名，代表作有與山繆·泰勒·柯勒律治合著的《抒情歌謠集》（*Lyrical Ballads*）、長詩《序曲》（*Prelude*）、《漫遊》（*Excursion*）。曾當上桂冠詩人，湖畔詩人之一，文藝復興以來最重要的英語詩人之一。

[14] 山繆·泰勒·柯勒律治（Samuel Taylor Coleridge，1772-1834），英國詩人和評論家，代表作《忽必烈汗》等。

留更長時間，那麼他就要感到失望了。柯勒律治此時不在這裡，因此錯過了與雪萊的見面——後來，柯勒律治也對此感到遺憾，表示相比於騷塞，他應該能夠給當時年輕的雪萊帶來更多的幫助。雖然德昆西（Thomas Penson De Quincey）在這個問題上語焉不詳，但他似乎也沒有見到雪萊。華茲華斯則根本不關注雪萊的存在。雖然雪萊看了很多騷塞的作品，但對騷塞這種親密的看法還是改變了雪萊早年對他的尊敬與喜歡，變成了絕對的鄙視。雪萊並不是那種冷漠機械的學生，也不是像那些機械僵硬的人，更不是政治層面上的變節者，而是因為他已經度過了早年的幻想，仍然像阿里埃勒那樣懷著善意。在他的腦海裡，《仙后麥布》（*Queen Mab*）這部作品正處於醞釀當中。在凱瑟克的生活從一開始就是單調沉悶的。但是，這卻因為雪萊前去拜訪諾福克公爵格雷斯托克而得到了改變。雪萊為了這趟旅程花費了身上的最後一分錢。雖然他家裡的兩位女性都享受到了公爵的熱情招待，但這趟旅程並沒有帶來什麼真正的結果。在這個時候，公爵懷著善意做到了最好，但卻沒有為他的老朋友，霍舍姆地區的國會議員與他那位反叛兒子之間實現和解。

在凱瑟克居住期間發生的另一件重要事情，就是雪萊給威廉·古德溫寫信。古德溫所創作的關於政治正義的作品，是他非常崇拜的。每當他談到這本書的時候，總會滿懷尊敬。在他反覆熟讀這本書之後，他的專注力從之前的浪漫主

義情感，轉向了公眾實用主義。雪萊在凱瑟克寫給古德溫最早的一封信，時間標明是1812年1月3日。從很多方面來看，這封信都寫得非常好，更像雪萊對自我的一種刻劃。在這封信裡，雪萊懇請古德溫擔任自己的人生導師、哲學家與朋友，並且表示「如果追求世間的幸福是你所追求的優先目標的話。」如果說，因為追求仁慈與真理而導致他遭受了任何迫害或是不公正的對待，從而可以贏得古德溫的欣賞，那麼雪萊顯然沒有贏得這樣的欣賞。我們這些了解雪萊是一位有著純真思想的人，肯定會忍不住對雪萊在這封信裡所談論的普遍性問題嗤之一笑。雪萊在信中所談論的很多問題，都會讓很多真正歷經過世間風雨的人感到麻木，而對他來說，這卻是他內心最為持久思想的一種表達。但是，如果古德溫想要詳細了解這位喜歡談論追求仁慈與世間幸福的年輕人的話，那麼他的想法也是可以理解的。雪萊所寫的第二封信就包含了一些容易傳遞出來的事實，包括他所談論的一些有趣浪漫思想，闡述自己內心充滿很多熱情想法的這一事實。我認為，關於雪萊在這封信裡所表露出來的真誠，是毋庸置疑的。雪萊所寫的文字，就代表著他內心的想法。但是我們卻完全沒有理由相信，他說自己兩次遭到伊頓公學的開除，是因為他傳播了《政治正義》（*An Enquiry Concerning Political Justice*）這本書，或是因為他的父親希望他陷入貧窮的狀態，然後逼迫他接受在某些遙遠地方軍團的任命。他為了宣揚《無神論的

必要性》這本小冊子，遭到了迫害，他的父親希望將家產都留給弟弟。雪萊將基本的事實與想像的內容糅雜起來的做法，就是他內心想法的一種典型表現。雪萊所寫的這封信，也是用來解釋關於他的很多自傳作品裡記錄很多古怪事情的一個重要原因。雪萊跟古德溫談到，自己缺乏對父親的愛意，無論是在伊頓公學還是在牛津大學，他都無法接受指導老師的教導，這都代表著一個簡單的事實。只有讓他去選擇老師，並且認為此人在判斷與智慧上比他更加優越，他才願意接受這樣的老師的指導。在這些信件裡，雪萊對古德溫展現出了一種毫不遮掩的崇拜心理。古德溫在收到這些信件之後，感到非常震驚。事實上，古德溫肯定認為，雪萊「要麼是一個上帝，要麼就是一頭野獸。」，就像亞里斯多德的《倫理學》(*The Nicomachean Ethics*)裡所談到的那些缺乏理智的人，前提是他能夠抵制內心那種強烈的衝動精神，並且避免用如此情感激烈的詞語以及如此真誠的方式去表達的話。古德溫接受了成為雪萊導師的責任。因此，他們之間開始的關係，不僅被證明是對雪萊在道德層面上的支持與智慧層面上的指引，更讓這兩位卓越之人形成了極為親密的紐帶。

　　在給古德溫的第二封信裡，雪萊對他說，自己正忙於創作「關於法國大革命的失敗對人類帶來福祉的原因調查。」並且表示「我的想法是，絕對不要錯過任何傳播真理與快樂的機會。」古德溫理智地回覆說，雪萊太年輕了，根本無法真

正去做一名老師或是傳教士：但是雪萊卻沒有明白他的這一暗示。在寫給古德溫的第三封信裡（1812 年 1 月 16 日），雪萊在信件的開頭就這樣寫道：「在之後的幾天裡，我們就要前往都柏林了。我不知道具體是都柏林的什麼位置，但是只要你將回信的地址寫在凱瑟克，就能讓我收到。我們很早就確定了這趟旅程的安排。我們可以像追求天主教解放那樣，朝著那個地方前進。」在給古德溫的第四封信裡（1812 年 1 月 28 日），雪萊告訴古德溫，他已經準備好面向愛爾蘭的天主教徒發表演說了，準備用真誠的言論去回應他們的反對，從而證明自己這次深思熟慮之後的征程，並不會帶來任何的負面影響，反而會帶來很多正面的影響。

不過，似乎在過了一段時間之後，雪萊才全身心地投入到愛爾蘭政治事務當中。關於皮特・芬尼特，這位《出版》報紙的愛爾蘭記者與編輯，被判入獄十八個月，關在林肯監獄裡（從 1811 年 2 月 7 日到 1812 年 8 月 7 日），就是因為他寫了一篇關於卡斯特里格爵士的真實報告，引起了後者的極大憤怒，最後被關入了監獄。芬尼特刊登了一首詩歌，來為自己辯護，但這首詩歌卻從未有人見過。據說，這首詩歌的價錢被炒到了將近一百英鎊。年輕的雪萊之前一直對法國大革命進行哲學層面上的研究，內心充斥著對世人的憐憫之心，希望能夠傳播真理與快樂。雪萊認為，愛爾蘭這個地方非常適合他進行第一次實驗性政治。雪萊帶上了所寫的《告愛爾

蘭民眾書》（*An Address, to the Irish People*）的手稿，與哈麗雅特以及艾麗莎在 2 月 3 日，從懷特黑文（Whitehaven）乘船出發。他們抵達了曼恩島。在經過了一段暴風雨的旅程之後，他們來到了愛爾蘭北部沿岸，最後不得不走陸路來完成這趟旅程。他們一行人在 12 號抵達都柏林，雖然感到筋疲力盡，但仍然保持著旺盛的鬥志。哈麗雅特非常認同丈夫所表現出來的這種追求仁慈的熱情。「我的妻子，」雪萊在寫給古德溫的信件裡表示，「是我的思想與情感的分享者。」事實上，無論是從雪萊還是他妻子在這個時期的信件裡，我們都可以看到，他們無論是在情感還是工作層面上，都是一致的。在這個時候，哈麗雅特的姐姐韋斯特布魯克女士則負責操持整個家。「艾麗莎將我們的錢都放在她衣服的某個角落裡，但是我們並不需要依賴她。雖然在我們需要錢的時候，她會拿出一些錢。」這種不經意的描述，讓我們知道了在都柏林下薩克維爾大街 7 號的這個家庭所發生的事情。一週之後，《告愛爾蘭民眾書》就印刷了。雪萊與哈麗雅特立即將全部的精力都投入到傳播這本小冊子的工作上。有些人建議他們出售這本小冊子，但出售的方式根本無法大規模傳播。2 月 27 日，雪萊寫信給他在英國的一位朋友說：「我已經向民眾派發了四百多本這本小冊子，這在都柏林引起了不少人的震撼。剩下的一千一百本小冊子還等待著繼續派發。很多小冊子都被派發到了六十個小酒吧裡……民眾對此的反應還需要進行觀望。

我每天都會給一個人送去這樣的小冊子，並且告知他應該在什麼地方去派發這些小冊子。我喜歡與擁有這本小冊子的人進行交流。我會站在窗戶外面的陽臺上，直到我看到有人似乎很想要閱讀這本小冊子。我就會直接扔一本小冊子給他。」

這封信的附錄內容，讓我們看到了哈麗雅特對這場宣傳運動所持的觀點：「我敢肯定，要是你們看到我們派發這些小冊子的話，肯定會哈哈大笑的。我們將這些小冊子從窗戶邊扔出去，給那些從大街上經過的路人看。對我來說，在這件事完成之後，我隨時準備面臨世人的嘲笑。雪萊看上去表情凝重。昨天，他將一本小冊子放在了一位女性外衣的口袋裡。」

雪萊創作的這本小冊子，本意是希望激發愛爾蘭民眾感受到他們所處的真實慘境，指出了天主教應該實現解放，並且表示廢除《統一法案》只是解決這些弊端的唯一激進手段。雪萊希望傳遞給民眾這樣一種思想，只有透過革命的方式才有可能真正地解決存在的一切弊端，而這也是他所熱切希望看到的。雪萊創作這本小冊子的目的，就是希望灌輸愛爾蘭民眾高尚的品格，讓他們成為具有包容心、平和、果敢、理智以及擁有自我克制能力的人。雪萊認為，這本小冊子在愛爾蘭面臨一場國家危機的時候，會成為那些愛國者的指導思想，並希望他們能夠認同這本小冊子裡面所宣揚的思想：如果都柏林的民眾都是像雪萊這樣的人，那麼這本小冊子所產生的影響，肯定是持久且深遠的。但是，雪萊所犯下的錯

誤，就在於他知道：這些民眾在智慧與理解方面的能力，其實並不比牡蠣高出多少。因此，他們沒有足夠的能力憑藉自己的雙手，去解決那些存在的問題，或是無法聽從他所做出的各種推理思想。雪萊對古德溫說，他「願意對這本小冊子裡面的內容進行通俗化的處理，從而讓愛爾蘭普通的農民可以理解裡面所傳遞的意思。」從這本小冊子裡節選出幾個段落，就足以讓讀者們明白，雪萊在實現這個目的時到底走了多遠。我選擇了一些自認為對那些普通人最有影響力的段落。「所有真正的宗教，都會讓人從善，而信教者所做出的行為，都應該證明他們崇拜上帝的方式是最好的，並且認為這樣的宗教崇拜，會讓自己成為一個更好的人。」「新教徒是我的兄弟，天主教徒也是我的兄弟。」「不要去詢問一個人是否為異教徒，如果他是一位教友派信徒，猶太教徒，或是異教徒的話，這都沒有關係。但是，如果他是一個具有道德的人，如果他追求自由與真理，如果他想要追求人類的幸福與快樂的話，那麼信仰什麼宗教都是無關緊要的。如果一個人是虔誠的教徒，卻又不喜歡去追求這些東西，那麼他就是一個毫無良知的虛偽之人，一個流氓與騙子。」「包容別人，這並不是一種美德，但是，排斥別人卻是一種犯罪。」「耶穌基督所堅持的無限的包容與完全的仁慈，若是不能做到的話，那麼這就是錯誤的。」「做人要冷靜、溫和、淡定以及要有耐心……先思考，然後再說與談論……每個人都應該要獲得自由與

過上幸福的生活，但我們首先要成為一個具有智慧與善良的人。」接著，雪萊繼續談論著組織社團方面的事情。雪萊譴責那些宣揚暴力的祕密社團。「要做到公開公正，否則你們就是可怕的敵人。」「養成不喝酒、生活規律的習慣，那麼這樣的思想就會牢牢在我們的內心扎根。」接著，雪萊談到了很多過去的格言與規則。顯然，雪萊認為其中一些是具有現實意義的，有助於淨化很多人在道德層面上的罪惡。除此之外，雪萊還認為制定讓民眾進行公開討論的規則是有必要的。他認為，「成千上萬的人聚在一起若是沒有任何規則的話，其實就跟成千上萬有生命的廢物堆在一起，沒有什麼區別。」

上述節選的內容，可以表明雪萊根本沒有宣揚任何煽動性的言論。無論他是如何沉浸在個人幻想的希望當中，這些希望在突然展開的倫理改革過程中，仍然有著烏托邦的基礎。雪萊希望進行的任何革命，都不能以犧牲流血為代價。除此之外，我們還可以從這本小冊子裡，看到了雪萊日後創作《伊斯蘭的反叛》(*The Revolt of Islam*)詩集的思想根源，這本詩集裡的主角在其中成功扮演著英雄的角色。最後，雪萊在都柏林嘗試的這些行為，並沒有取得預想當中的效果。不過，同樣的原則也指引著他後來的人生道路。當他創作《專制者的假面遊行》(*The Mask of Anarchy*)時，他就懇求英國成千上萬的民眾聚集起來，堅定地支持追求真理與正義，以不可戰勝的姿態去進行和平的反抗。

當雪萊在都柏林的大街上傳播這些小冊子時，也正準備著印刷關於天主教解放的第二本小冊子。這本小冊子的名稱是《關於成立社團的建議》。在這本小冊子裡，雪萊用了很多嚴肅且節制的段落去談論構成一個龐大社會，將愛爾蘭的全部天主教徒都團結起來，去爭取他們本應該獲得的權利。在對雪萊的政治智慧進行評價的時候，我們必須要記住一點，在雪萊所宣揚天主教的解放的那個時代，他就已經預見到了這是可能實現的。在談到英國政府的所作所為時，他說出了下面簡單的話語：「英國政府需要進行改變與改組。它將會得到修復。英國政府所進行的改革，將會對愛爾蘭民眾帶來積極的影響。」雪萊所寫的這些句子是具有先見之明的。也許，他想要表達的想法要更加深遠。

　　關於作為一個務實政治家的雪萊所處的位置，我應該將時間向後推一下，與他在 1817 年發表的一篇文章進行對比。雪萊的這篇文章名稱是《關於在英國推動選舉改革的建議》。雪萊深刻地意識到，當前的英國國會制度並不能真正代表這個國家民眾的民意。而要是站在雪萊所堅持的原則，一個政府應該是被統治的民眾的僕人才對。他想要找尋一些方法，向英國民眾傳遞出關於國會選舉的問題，找出一個真正能夠代表集體民意的方法，從而讓統治者的意志能夠反映廣大民眾的意志。按照雪萊所提出的建議，必須要成立一個錯綜複雜的委員會網絡，然後藉由各自的功能，對每個人都進行一

番調查。在此，我們可以看到雪萊在愛爾蘭時期宣揚透過和平集會的方式去推動改革的思想。關於雪萊對特許權的看法，可以透過下面這段話看出來：「關於推動全民選舉權的問題，我必須要承認，我認為在所有合法的選民對此尚未做好準備之前就貿然實行的話，必然會帶來諸多不可預測的風險。我認為，只有那些直接繳納小額稅款，並且登記在冊的人，才有資格進入國會擔任議員。」在雪萊看來，無論是在愛爾蘭還是在英格蘭，隨後所發生的事情，都證明了他提出的建議並不是誇張的，而是有一定根據的。

雪萊在都柏林生活期間，愛爾蘭天主教徒的一場集會在 2 月 28 日舉行。這場集會在費什姆布人街戲院裡舉行，雪萊第一次作為演說家登臺發表演說。他談論了大約一個小時。整體而言，他的這次演說還是受到了不少人的歡迎，雖然在他一開始談到羅馬天主教的時候，一些聽眾發出了噓聲。雪萊是一位演說流暢的人，但我們卻無法找到真實的證據可以證明，雪萊是一位具有影響力的公開演說家。雪萊的言論中存在某些自相矛盾的地方，他所表現出來的溫和態度，很容易給人一種軟弱的印象，從而無法讓他的聽眾真正信服他所宣揚的思想。不過，他的小冊子不斷得到傳播，讓他賺到了不少的名氣。因為雪萊的英國身分與財富，他受到了愛爾蘭當地媒體的歡迎，因為雪萊的出發點是希望愛爾蘭變得越來越好。但是，雪萊的年齡卻是他的一大劣勢。對普通民眾來說，一個二十出頭、乳臭

未乾的年輕人說出來的那些強硬話語，即便具有真正的價值，在他們的心中也是大打折扣的。雪萊在愛爾蘭地區的僕人丹尼爾‧希爾，雖然在傳播雪萊的小冊子方面做得很好，卻強化了雪萊在這方面的弱點，向民眾肯定雪萊只有十五歲——這要比雪萊的真實年齡小了四歲。

　　在都柏林期間，雪萊認識了庫蘭。不過，庫蘭所說的笑話以及不雅的故事是他不喜歡的。他還認識了勞利斯，他們倆一起對愛爾蘭民眾的歷史進行了一番研究。從哈麗雅特所寫的信件裡，我們還可以了解到有關他們的另一位朋友，一位愛國者努金特女士的一面。努金特女士透過為一位皮毛商的商店工作來養活自己，有人將她稱為「坐在房子裡，與雪萊一起討論有關美德的問題。」在愛爾蘭進行了不到兩個月的宣傳工作之後，雪萊得出了一個結論，那就是他「已經做了自己所能做的全部了。」都柏林的民眾沒有按照他預想的那樣呼應他所提出的政治主張。因此，在 4 月 7 日，他再次與家人一起登上了前往霍利黑德的輪船。之後，雪萊在一些文章裡經常暗示，都柏林的警察曾對他進行一番警告，表示他最好馬上離開都柏林。雖然雪萊可能遭受迫害的想法並不是完全臆想出來的，但警察的這番暗示，似乎也根本找不到任何證據來進行支持。不過，在他離開愛爾蘭之前，他寄出了一個箱子給一位在蘇塞克斯地區的朋友，裡面裝著他的手稿以及文章的複印件，再加上當時剛印刷沒多久，名稱為《權利宣言》

（*Declaration of Rights*）的小冊子。這個箱子在霍利黑德的海關遭到了延誤，並且被開啟了。裡面的內容讓海關官員感到非常有利，他們立即將這一發現透過一些官方管道，告知了英國政府。在進行一番溝通之後，英國政府決定不對雪萊採取任何行動，而這個箱子最終也被送到了目的地。

上面提到的那位朋友是來自赫斯皮蓬特地區的艾麗莎·西琴勒女士，她在這裡創辦了一所學校。她之所以吸引雪萊關注的目光，是因為她有著超前的政治與宗教觀點。雪萊似乎沒有親自去拜見她，但是雪萊在愛爾蘭所寫的一些有趣信件，卻是寄給她的。雪萊在捲入這些嚴肅的政治紛爭問題之前是多麼的魯莽，可以從下面這些節選段落裡看出來「我們將會在威爾斯與你見面，並且再也不會分開。但這是做不到的。為了順從哈麗雅特急切的懇求，我懇求你立即過來，加入我們的圈子裡，辭去你在那所學校的工作，為了愛爾蘭民眾的鬥爭，放棄一切。」「我應該將自己看成是一個幸福之人，因為我有了一位賢惠的妻子與如此優秀的朋友。」哈麗雅特在寫信給這位女士的時候，將其稱為「波西亞。」一個不容置疑的事實是，在雪萊一行人返回英國之後，西琴勒女士與他們這家人形成了持久的關係。不過，關於西琴勒女士到底是什麼時候融入雪萊生活圈子裡，以及何時從中離開，則是無從考究了。沒過多久，西琴勒女士就在雪萊的家裡獲得了一個除了「波西亞」之外的暱稱，這個暱稱就是更著名

的「布朗・達蒙」。艾麗莎・韋斯特布魯克非常討厭西琴勒女士。哈麗雅特也跟隨著姐姐的看法。雪萊也發現，他還是更加喜歡與她保持一定的距離，而不是成為親密的朋友。最後，西琴勒女士受到了收買或是賄賂之後，選擇了離開。

　　這樣的場景以讓人困惑的頻率不斷地發生。因此，我們很難去追溯雪萊在如此匆忙的旅程中，是否還結識了其他的朋友。大約在 4 月 21 日，雪萊一行人在北威爾斯的賴厄德地區附近的南特基特短暫居住了一段時間。之後，我們又發現他們來到了薩默塞特郡（Somerset）海岸邊的林恩茅斯地區居住。來到這裡之後，雪萊繼續透過傳播他的《權利宣言》來進行政治宣傳。關於這點，上述已經談論過了。正如羅塞蒂從一開始所指出的，雪萊的這份宣言，談到了政府權力的終結之處，也談到了民眾權利開始的界限 —— 這份宣言是按照法國大革命時期兩份檔案的框架來寫成的，分別是 1789 年 8 月法國憲法委員會釋出的，以及在 1793 年 4 月由羅伯斯比爾（Maximilien de Robespierre）所釋出的。雪萊會將這本小冊子放在一個瓶子裡面，然後將其放入大海中，希望以這樣的方式，能夠讓他的思想跨越聖喬治河道，最終漂流到愛爾蘭神聖的土地上。雪萊還讓他的僕人丹尼爾・希爾在薩默塞特郡的農民那裡傳播這本小冊子。8 月 19 日，丹尼爾・希爾在巴恩斯特珀爾的大街上遭到逮捕，因為傳播煽動性小冊子的罪名被判處六個月監禁。《權利宣言》剩下的小冊子則遭

到官方的銷毀。為了對這種絲毫沒有法律程序的判決作出回應，雪萊寫了一篇言辭激烈的〈給艾倫伯格爵士的一封信〉(*A Letter to Lord Ellenborough*)，這封信是雪萊在林恩茅斯創作的，在巴恩斯特珀爾印刷。那位幫助雪萊印刷的印刷工名叫 D.J. 伊頓，之前才剛剛因為印刷了潘恩 (Thomas Paine) 的《理智的年代》(*The Age of Reason*)的第三部分而被公爵判決監禁。雪萊在這封信裡，用流暢的文筆呼籲要包容知識分子，讓他們擁有自由的空間，並且還談到了司法專制所帶來的嚴重後果。最後，雪萊用哲學的方式去結尾。

我們可以對雪萊的這封信內容進行部分節選，這將有助於我們認知到雪萊這位還不到二十歲的年輕人，在進行英文寫作時所表現出來的老道與嫻熟。下面，我選擇了一段雪萊談論有關他神學觀點的段落：

「品德是只有人類才會擁有的。要將人類的品德歸功於宇宙的精神，或是認為這可以改變品德本身的看法，就是讓上帝墮落成為人類的做法，將這種世人難以理解的人類特質與任何可以明確指代的特質進行融合，這是非常錯誤的做法。

在此，我要提出反對的質問：難道造物主就不擁有他所創造出來的生物的完美形態嗎？答案是否定的。要是將上帝視為人類擁有品德的創造者，就等於將上帝看成是一個容易受到肉體功能局限，且容易受到激情控制的人。因此，一個顯而易見的事實，純粹的精神是無法被占有的……但是，要

是我們認為，對於那些庸俗的人來說，上帝就像一個受人尊重的老人，坐在天國的寶座上，他的胸懷就像一座戲院，可以包容下很多人展現出來的激情。因此，一些人將這與人類的本性進行類比，認為上帝的意志是隨時變化，或是像世俗的國王那樣難以捉摸的。儘管如此，善意與正義等特質，也是世人很少會否認上帝所擁有的。因此，我們要承認一點，上帝不贊成任何與這些特質不相稱的行為。對任何人的思想進行壓迫，這都是不公正的。人類要對神性的崇拜者有著怎樣的始終如一，才能去吹噓他們所宣揚的仁慈，不讓他們的同胞感受到生存的困難。難道這些人的看法是，上帝的神性與他們所感受到的神性是不一樣的？嗚呼！對於那些信仰仁慈神性的迫害者來說，他們的做法沒有任何始終如一的特徵。那些崇拜魔鬼的人，才會以上帝的名義去監禁與折磨那些堅持上帝真正原則的人。」

　　雪萊不止一次敦促古德溫以及他的家人前去看望他。這位居住在斯金納大街的智者認為，這是一個妥當的時機。因此，古德溫離開了倫敦，乘坐馬車來到了林恩茅斯。來到這裡之後，他發現雪萊幾天前在不打招呼的情況下就已經離開了這個地方。古德溫這一趟毫無結果的旅程，曾被霍格用幽默的筆調進行過一番描述。因為霍格在一年後前往都柏林準備看望雪萊的時候，也遇到了相同的結果。此時，雪萊一家人居住在北威爾斯特馬道克附近的坦尼洛特地區的一座房子裡，這座房子屬於波士頓地區的國會議員 W.A. 馬多克斯。

馬多克斯透過對沿海一帶的沼澤地重新進行開墾，並修建了一道防波堤來保護這些農田。雪萊對身邊窮人的遭遇表現出來的興趣，始終是敏銳與務實的。居住在特馬道克期間，他抓住了每一個認識與了解這些窮人的機會。馬多克斯爵士為他手下的佃農們所做的諸多有益事情，激發起了他的崇拜之情。當防波堤遭受到猛烈海水的攻擊之後，他主動報名，申請加入保護防波堤的工作當中。為此，雪萊捐出了五百英鎊，至於他是如何籌到這筆錢的，我們無從得知。雪萊想在附近地區進行募捐，甚至還與哈麗雅特一起前往倫敦，利用自己的影響力與諾福克公爵討論這件事。正是在這個場合下，他終於見到了古德溫一家人。

在坦尼洛特的生活還算是比較平順的，雪萊在這裡勤奮地學習，只是偶爾需要因為防波提所帶來的一些危險而去進行防護。我們可以了解到，此時的哈麗雅特仍然繼續學習著拉丁文，朗讀賀拉斯（Horace）的一些頌歌，並且用拉丁文寫給霍格一封信。雪萊還是像往常一樣，收集自己所能看到的一些有價值的書籍。我們現在可以找到雪萊寫給倫敦出版商的一些信件。在這些信件裡，雪萊希望能夠買到斯賓諾莎（Benedictus de Spinoza）、康德（Immanuel Kant）、柏拉圖（Plato）以及古希臘歷史學家們的作品。看來，在這個時期，受到了古德溫的影響，雪萊正在努力地克服自己對歷史學的反感情緒。「我已經下定決心，一定要認真學習讓我覺

得反感的學科。所有這樣的學習都是非常必要的，這有助於我消除之前形成的很多誤解與偏見 —— 我的意思是，透過對歷史的研究，可以讓人了解過去所發生的很多罪惡與痛苦的事情。」雖然雪萊狠下決心投身到歷史方面的學習，但他在這方面並沒有取得成功。他內心所持的偏見，還是讓他傾向於去研究充滿著想像的形而上學，或是可以充分展現出他想像力的詩歌研究。我們可以說，雪萊在歷史研究方面，的確是缺乏一定的天賦。當雪萊在日後嘗試去創作有關查理一世（Charles I）死亡的悲劇時，他是懷著極為勉強的心理去做的，雖然他為此付出了一番努力，但最後還是選擇了放棄。

在同一封信件裡，雪萊談到了自己正在從事著一個短篇詩歌集，並經常談到了自己想要創作《仙后麥布》這本詩集。無論是從雪萊的話語，還是從梅德溫的自傳裡，我們都可以了解到，早在雪萊十八歲的時候，就已經創作了這本詩集的部分內容了。但是，直到 1812 年春天，雪萊才認真地投入到這方面的創作。這本詩集直到 1813 年才完成，並且印刷。這本詩集的首次出版並不是公開的，而是私底下印刷了兩百五十本。這些詩歌都印刷在非常精緻的紙張上。雪萊將這兩百多本詩集送給那些他想要去影響的人。在這本詩集私下印刷沒多久，很快就出現了盜版的情況。1821 年，一位名叫克拉克的書商決定面向大眾出版這本詩集。雪萊非常反對後者的這種做法，1821 年 6 月 22 日在比薩居住的雪萊給《觀察

家》報寄去了一封信件，表示在未來的幾年裡，他都沒有想過要公開出版這本詩集。「我認為，若是從文學創作的角度來說，那本詩集是毫無文學價值的。因為這些詩集完全都是專注於道德與政治層面上的事情，同時對形而上學以及宗教信條都有著比較不成熟的分析。因此，這是非常粗糙的。我發自內心地反對任何人在宗教、政治或是家庭內部所做出的壓迫行為。我為這次出版商出於利益心去出版這本詩集的做法感到遺憾，因為我認為，這樣做會有損神聖的自由事業的發展，而不是推動這項事業的發展。」毫無疑問，雪萊的這種判斷其實有點過分嚴厲了。但是，雖然雪萊在進行譴責的時候，表現的非常誇張，就像雪萊對他所有的作品做出的批判一樣，都表達出了某些事實。我們不能將《仙后麥布》納入其中，雖然這本詩集表達出了雪萊華麗的詞藻與熱烈的情感追求，完全符合傑作的標準。但是，這本詩集在公開出版之後，卻遭到了很多人的抨擊，這也對雪萊的聲譽造成了致命性的打擊。若是從藝術作品的角度去看，雪萊的這本詩集是不夠成熟且缺乏永恆的生命力。

可能是因為一次神祕的事情，雪萊一行人突然被趕出了坦尼洛特地區，而至於到底是什麼事情導致他們遭到驅逐，則始終沒有一個合理的解釋。根據雪萊與哈麗雅特在此事之後所寫的信件裡，再加上艾麗莎留下的紀錄作證，是因為雪萊在 2 月 24 日晚上兩次遭到一群武裝的流氓攻擊，而他則勇

敢地徒手與他們進行搏鬥。在搏鬥過程中，有人開槍了，窗戶都被打碎了，雪萊所穿的那件長袍都被射穿了。但是，攻擊者最後逃脫了，而雪萊也沒有認清楚攻擊者到底是誰。至於攻擊者是出於什麼樣的動機要做出這樣的事情，是我們很難去了解清楚的。至於整件事是否是雪萊腦子裡虛構出來的事情，或是雪萊在喝了鴉片酒之後，大腦紊亂所導致的幻想也是不得而知的。或者說，這是否是雪萊的那位愛爾蘭僕人丹尼爾·希爾所做的一齣惡作劇，抑或是雪萊猜測，這起犯罪事件是附近那些不友好的鄰居造成的。但是，關於上述種種的推論，我們都無法做出證實。關於這一類的奇怪遭遇，夾雜著事實與幻想，都陷入了一種無法解開的謎團裡，在很多有關雪萊的傳記裡，並不少見。當我們評估這件事的時候，必須要記住一點，一方面，此事發生時，只有雪萊一個目擊證人，他當時獨自一人坐在走廊上，並且出於某些無法解釋的原因，他在那場襲擊發生之前，竟然將槍支裝好了子彈，然後流氓才過來攻擊。我們還要記住另一點，哈麗雅特所談到的事件細節，後來也被艾麗莎的紀錄所證實。因此，關於這件事的紀錄，很難真正去了解真相。

　　整體而言，最有可能的情況下，在那天晚上，雪萊正處於一種強烈的幻想當中。關於他的敵人就在坦尼洛特地區的想法強烈地控制著他，因此他就捏造出這樣的故事，從而為他在不需要支付任何帳單的情況下，直接有藉口離開這個地

方。但是，任何這方面的調查研究都無法真實還原當時到底發生了什麼事情。雪萊的朋友霍格、皮科克、馬多克斯後來都表示，所謂的流氓過來襲擊的故事，只是雪萊幻想出來的。

在這個時候，雪萊一行人的口袋裡已經沒有一分錢了。在他們的經濟狀況處於極度拮据的時候，他們向一位倫敦出版商 T. 胡克漢姆求助，後者給他們寄去了足夠的費用，讓他們可以乘船跨越愛爾蘭海峽。在都柏林卡夫大街 25 號房子短暫居住了一段時間之後，他們又前往了基拉尼，之後再輾轉回到倫敦。艾麗莎出於某些無法解釋的原因，在第二次前往愛爾蘭的旅程中，被獨自一人留下來居住一段時間。離開坦尼洛特的旅程，結束了雪萊人生第一個重要的階段。他在倫敦定居的生活，象徵著另一個對他人生產生重大影響階段的開始。

第四章
第二次定居倫敦，
與哈麗雅特分手

5月上旬，雪萊抵達了倫敦。很快，艾麗莎就過來與他們會合了。雪萊對艾麗莎與他們在一起感到越來越厭煩。因此，在艾麗莎沒有過來之前，他享受了難得幾週的休閒時光。在酒店居住了很短的時間之後，他們在半月大街落腳了。這座房子有一個落地窗，雪萊喜歡坐在窗戶旁邊，手上拿著書，看著英國溫和的夏天的陽光。「他想要，」雪萊的一位女性崇拜者說，「一個小池塘以及一片綠色的草地就可以想像出某些年輕女士心目中的雲雀，彷彿這些雲雀就在空中一邊飛翔一邊歌唱。」根據霍格的紀錄，對於雪萊充滿困苦的人生裡，在倫敦這個時期的生活算是比較愉悅與平靜的。雪萊的房間裡堆滿了書，其中來自德國形而上學的作品占據了顯眼的位置，雖然雪萊對這些作品也沒有深入地進行研究。此時，雪萊正在學習義大利語，準備深入地研究塔索（Torquato Tasso）、阿里奧斯托（Ludovico Ariosto）以及佩脫拉克（Francesco Petrarca）等人的作品。

　　簡單地說，雪萊的這個家庭的生活根本沒有任何規律性。因為雪萊根本不願意去思考任何世俗方面的事情，而哈麗雅特也不是一位擅長管家的女性。對他們來說，晚飯從來都不需要事先考慮，而是上天偶然賜予的。當他們家裡沒有任何肉類食品可以招待偶然過來的客人時，餐桌上只能擺上小圓麵包。這些小圓麵包是雪萊在距離家最近的糕點師那裡購買過來的。此時，雪萊已經不再吃任何動物的肉類食品，

也不再喝酒了。他最喜歡吃的事物，主要是麵包。他一邊吃麵包一邊喝水，或是用麵粉做成麵糊來吃。霍格表示，當雪萊走在大街上感到飢餓的時候，就會馬上前往糕點師的麵包店，然後將一個麵包捲掛在手臂下走出來。雪萊就是邊走路，邊吃著麵包來充飢，這還可以讓他迅速地躲閃任何認識他的人。雪萊無法理解為什麼世界上有那麼多的人，喜歡吃肉的程度要勝過吃麵包。「我說自己不喜歡布丁這種食物，雪萊則用教條主義的口吻對我說，我的這種看法完全是一種偏見。」雪萊對食物表現出來的冷淡與不在乎，也是他這個人的　人特點。在他人生的最後幾年裡，甚至當他遭受著身體紊亂所帶來的痛苦時，他也是不怎麼在乎自己要吃什麼樣的食物。他的朋友特里洛尼將雪萊不看重食物的做法，看成是他健康出現惡化的根本原因。雪萊小姐經常買來一些食物，寄到他經常讀書的房間裡。但是，放在書架上裝著食物的碟子卻在幾個小時內都沒有動過。在一天行將結束的時候，雪萊可能會問：「瑪麗，我吃過飯了沒？」雪萊對衣著的要求與他對飲食一樣，都是沒有什麼要求的。霍格曾說，他從未看見雪萊穿著一件大外套，他所穿的衣服衣領都是沒有繫鈕扣的，從而讓風可以吹入他的胸膛。「在大街或是小路行走的時候，他甚至都不願意戴上一頂帽子。但在田野與花園的時候，他那個圓圓的頭部只是被他那又長又粗的頭髮所覆蓋著。」眾所周知，雪萊的頭部又小又圓。他曾在一天之

內多次跳入冰冷的河水裡，或是毫無顧忌地將頭部靠近熾熱的火堆或是任由炙熱的太陽來晒。雪萊夫人就談到了，《欽契一家》裡面的大部分內容，都是雪萊在萊格霍恩地區附近他們家的屋頂上完成的。雪萊在沒有戴帽子的情況下，任由義大利夏日的陽光照射著自己。霍格之前就描述過，雪萊在靠近一堆火的地方閱讀荷馬[15]的作品，或是長時間地靠近火爐口，任由熾熱的空氣來「燒烤」自己的頭蓋骨。

　　在諸如雪萊這樣的人物傳記裡，這些個人細節是不能省略的。雪萊就是一個充滿自然與原始氣息的人。在他的行為習慣裡，幾乎從來都不會按照傳統的思想去進行思考，而是完全按照自己所感受的精神去生活，對旁人所表現出來的任何態度都不在乎的能力，可以說是沒有人可以超越的。無論是對於時間還是地點，雪萊同樣表現出不在乎的態度。他甚至不記得自己之前跟誰有過約。「他有時的行為比較古怪與任性，會表現出很多毫無根據的恐懼或是反感情緒，還有一些無中生有的恐懼感以及恐慌感。因此，他從來都不會去參加任何正式或是所謂重要的活動。雪萊對於時間、地點、人物以及季節的毫無意識以及表現出來的遺忘態度是驚人的。他經常會陷入到某種詩意的幻想世界裡，或是做一些白日

---

[15]　荷馬（Homer，約西元前 9 世紀 - 前 8 世紀），相傳為古希臘的吟遊詩人，生於小亞細亞，失明，創作了史詩《伊利亞德》和《奧德賽》，兩者統稱《荷馬史詩》。

夢。在這種情況下，他會迅速徹底忘記自己之前曾莊嚴做出過的任何承諾。或是他會拚命地追逐著一些在他想像世界裡極為緊急與重要的事情。雖然他的這些做法都是徒勞無功的，但他在那個時候，除了去做這些事情之外，不知道還應該去做些什麼。當雪萊因為環境的局限，需要面對一群女性的時候，他就變成你們的國王！雪萊會得到她們的擁抱、求愛、欣賞與恭維。但是，雪萊並不是喜歡沉湎於此的人，他會想盡一切辦悄悄地離開。在別人絲毫沒有察覺的情況下，迅速消失得無影無蹤。因此很多非常崇拜他的人，最後都根本找不到他。」如果雪萊受到一定程度的限制，並與一群有趣的人為伍，他會在絲毫沒有任何注意的情況下，讓時間不停地溜走。他會與這些人整晚聊天，憑藉自己無與倫比的口才讓他的客人傾倒。因為雪萊創作的詩歌是非常優美的，因此那些感覺有幸進行交流的人，也會認為雪萊是一個非常具有魅力的人。「整體而言，他是一個非常健談、開放與熱情的人。在他身邊的人都會受到他的影響。這種影響與催眠心靈的感覺差不多。有時，他身邊的人似乎都找不到他們的房子，因為與雪萊的交談，讓他們神魂顛倒了。」

雪萊一家人從半月大街的住所搬到了皮姆利科的一間房子。根據霍格的紀錄，這是在皮姆利科的房子，而根據其他人的說法，則是在多弗大街的庫克酒店裡，雪萊的第一個孩子艾西安·伊莉莎（Eliza Ianthe Shelley）在 1813 年 6 月底出

生了。哈麗雅特並不怎麼關心這個女孩，而是將她送到了一位奶媽那裡撫養，雪萊認為這是一個巨大的錯誤。在雪萊看來，一位母親要是無法親自撫養自己的孩子，這是違背他的人生原則的。再加上他此時發自內心地討厭那位僕人與艾麗莎，這讓他感覺待在家裡非常不自在。關於這方面，我們可以從皮科克那裡獲得權威的紀錄。雪萊「非常喜歡這個孩子，長時間地抱著她在房間走來走去，會給她唱自己創作的歌謠，或是重複著他創作出來的詞語。他的歌曲只有一個單字，就是雅馬尼。」在伊莉莎這件事情上，雪萊與哈麗雅特之間缺乏共同的看法。皮科克則將這歸結為雪萊一家產生矛盾的根源。事實上，哈麗雅特作為母親對待女兒所表現出來的冷漠，肯定會讓她的丈夫雪萊感到非常心痛。至於哈麗雅特是如何能夠做到如此的狠心，這可以從霍格所說的關於哈麗雅特在分娩時的行為看出來。

在逗留倫敦期間，雪萊再度陷入了經濟困難。但是，他為了滿足哈麗雅特的虛榮心，購買了一輛馬車。他們之後乘坐馬車，匆忙地往返於愛丁堡與倫敦。雪萊這種展現財富的做法，差點被債主關入監獄。因為出現了讓人哭笑不得的錯誤，霍格差點因為雪萊欠下的債務被關入監獄。雪萊在倫敦認識的人並不多，他也不怎麼忠實這個家庭。漸漸地，他似乎成為了一群有學識的女性圈子裡的先知。雪萊在《仙后麥布》裡表達的觀點，他對人類完美性的強烈信念，他所信奉

的素食信念，他隨時願意為了推動人類發展而接受的任何想法，都讓他在陌生人面前顯得非常親切。雪萊也沒有因為貴族的成見而受到任何阻礙，經常參加一些上流社交活動，而這對霍格來說是非常不適合的。關於這方面，我們可以從霍格那些刻薄的紀錄裡看出來。在這些女性圈子裡，雪萊的主要朋友是布安維爾。雪萊對她充滿了崇拜之情，她的女兒科尼利亞嫁給了一位素食主義者牛頓。為了接近他們，雪萊必須要搬到皮姆利科。雪萊接下來的一次搬家，就是從倫敦搬到伯克郡（Berkshire）布拉克內爾（Bracknell）地區的高榆樹村社裡。雪萊仍然與古德溫以及他的家人保持著親密的通信關係。在古德溫位於斯金納大街的房子裡，聚集了形形色色的人——包括芬妮・伊姆利（Fanny Imlay），這是古德溫與第一任妻子瑪麗・沃斯通克拉夫特（Mary Wollstonecraft）所生的女兒。瑪麗也是古德溫與第一任妻子所生的女兒。古德溫與第二任妻子以及他們所生的兩個孩子克萊爾與查爾斯・克萊爾蒙特。雪萊與古德溫家人的這些聯繫，對他日後的發展產生重要的影響。而芬妮・伊姆利也開始用半信半疑的眼光去看待這位充滿想像力的雪萊。霍格與皮科克這兩位著名的小說家，被牛頓夫人稱為「我認為他們是冷漠的學者，既沒有品味也沒有任何情感可言。」則是雪萊唯一親密的朋友。

牛頓夫人對皮科克的不恰當評價，表明了雪萊當時的社交圈子裡的兩大方面都存在著不和諧的地方。對於那些認真

研究雪萊人生的人，都會發現霍格、皮科克以及哈麗雅特，
都正在慢慢地遠離雪萊核心的交友圈子。如果我們將雪萊一
家人視為一條延長線的中心，那麼我們就會發現韋斯特布魯
克一家人在這條線的一端，而布安維爾一家人則在另一端，
而霍格與皮科克則在這條線的中間位置。哈麗雅特很自然地
會倒向韋斯特布魯克一家人那一端，而雪萊則倒向了布安維
爾一家人那一端。皮科克與這兩個家庭都沒有任何關係，但
他對哈麗雅特以及她的丈夫雪萊有著發自內心的尊重。雖然
霍格所處的位置與皮科克差不了多少，只是他之前與牛頓夫
人已經是朋友了。古德溫一家人對雪萊本人來說有著重要的
意義，因此也必然會在某個遙遠的位置對雪萊產生影響。從
布拉克內爾到倫敦的旅程變得越來越頻繁了，偶爾會從倫敦
前往愛丁堡。最後一次的旅程，是雪萊偷偷前往菲爾德・普
萊斯見自己的母親與妹妹。關於這次旅程，甘迺迪先生進行
了非常有趣的描述。他的這些記錄時間分別是在 1813 年 7 月
到 1814 年 3 月之間。在這段時間裡，雪萊在文學創作方面並
沒有什麼作為。我們只能看到他創作出尤西比烏斯與特奧索
福斯之間在《駁斥自然神論》(*A Refutation of Deism*) 一書裡
的對話。在這本書裡，雪萊攻擊了任何形式的有神論信仰。

　　既然我們已經漸漸接近雪萊人生中最嚴重的一場危機，
這就需要我們比之前以更加謹慎的態度去思考雪萊此時所處
的環境。雪萊的家變得冷漠與沉悶了。哈麗雅特並不愛自己

的孩子，將大部分時間投入到與她在茅特大街的朋友相處。對雪萊而言，艾麗莎一直都是煩惱的根源。韋斯特布魯克一家人也一再地進行干預，不斷地出謀劃策，希望讓雪萊對妻子的看法變得越來越冷淡。與此相反的是，雪萊在布安維爾的社交圈子裡，卻找到充滿熱情與溫馨的氣氛，這非常適合他那理想主義的脾性。在 1814 年 3 月 16 日寫給霍格一封信的兩段節選裡，雪萊就以非常流暢的話語去表達自己的觀點，並且談到了他內心對自己的家庭以及他這些新朋友圈子之間存在的不同之處：「上個月，我一直都與布安維爾夫人在一起。在這種充滿哲學思想與友善情感的氛圍裡，我擺脫了之前可悲的孤獨生活。他們重新激發起了我內心對生活期望的火焰。我感覺自己進入了一個與道德無關的天堂，雖然這只是短暫的。每當我想到自己還要回家，這就會讓我原本平靜快樂的內心感到痛苦。這裡的樹木、橋梁，哪怕是最小的一個物體，都在我的心中占有一席之地。

　　「艾麗莎仍然與我們在一起 —— 但不是在這裡！當命運無限的惡意強迫我離開的時候，她肯定要跟我在一起的。現在，我不願意多談論這個問題。當然，我發自內心地憎恨她。每當我見到她，都會產生一種難以言說的反感與恐怖情感。看到我用雙手撫摸我那可憐的伊莉莎的頭髮，就讓我感到害怕。有時，每當我想到這種讓人難以忍受的痛苦情感時，就會因為過分激動暈倒。但是，伊莉莎現在還只是一個

什麼都懵懂的小女孩，根本不知道她的可怕之處。」

　　當他的家庭出現了這樣的分裂之後，雪萊對這個家越來越反感。相反，他卻在古德溫的家裡感受到了那種最強烈的浪漫主義情感，並在不經意間狂熱地愛上了古德溫的女兒瑪麗。皮科克在這個時期與雪萊保持著親密的關係，也描述過了雪萊對這一段全新戀情的感受。「在我閱讀歷史故事或是傳奇故事裡，還從未看到有人像雪萊這樣，表現出如此強烈、難以克制且無法可控制的激情。在他的要求下，我從鄉村地區前往倫敦與他見面，發現他正處於這樣的情感當中。在他對當時尚未分開的哈麗雅特之間的舊情以及他對瑪麗的全新激情中間，他臉上的表情、做出的姿態、說出的話語都可以表明他內心的想法。『他感覺在自己的小王國裡，出現了一種叛亂的本性。』雪萊的眼睛都充血了，他的頭髮與衣著都顯得一團糟。他拿起一瓶鴉片酒，然後說：『我永遠都離不開這樣東西。』」

　　因此，我想，我們自信地肯定一點，在 1813 年冬天到 1814 年春天，雪萊與哈麗雅特之間的關係已經越來越疏遠了。在雪萊看來，哈麗雅特表現出來的性情，與他本身的性情已經是越來越遠了。而他感覺到自己，從未像現在這樣如此地深愛著瑪麗。相反，他與布安維爾一家人所保持的親密關係，總會讓他想起自己家裡所出現的矛盾與紛爭。面對這

樣的危機時，他人生中第一次真正地愛上了一個女人，瑪麗·古德溫（Mary Wollstonecraft Godwin）[16]。當時，瑪麗是一個只有十六歲的女生，「長得非常美麗，一頭美麗的頭髮，臉色顯得有點蒼白，但雙眼充滿了神氣。」這是霍格對瑪麗的一番描述。瑪麗第一次見到雪萊的日期，應該是在 1814 年 6 月 8 日或 9 日。瑪麗·古德溫是一位有著自由精神的女生，有著強烈且高度敏感的性情，有著智慧的大腦，對新思想充滿了熱情，有著豐富的想像力，因此她自然成為了比哈麗雅特更加適合雪萊的夥伴。

1814 年，雪萊從來沒有想過自己會離開妻子。因為他在 3 月 24 日重新與哈麗雅特辦理了結婚證。在他寫給居住在聖喬治漢諾威廣場的霍格那封冷靜的信件八天之後。此時，哈麗雅特正有身孕。因此，雪萊與哈麗雅特的這次婚姻，得到了蘇格蘭法律的正式認同，這是毋容置疑的。但是，如果我們研究「1814 年 4 月雪萊所寫的詩歌」，就可以發現，在這個月裡，雪萊就已經感覺到這段婚姻生活，讓他感覺到了無限的束縛，他已經下定決心要離開哈麗雅特了。大約在 6 月中旬，雪萊與哈麗雅特之間的分離變成了現實 —— 按照目前所能找到的資料來看，這次分離並不是雙方一致同意的，而是

---

[16] 雪萊第一次見到瑪莉的時間是很難確定的。皮科克表示，這應該是在 4 月 18 日到 6 月 18 日之間。

雪萊突然拋棄了他的妻子與孩子[17]。在接下來很短的一段時間裡，哈麗雅特就被留在了雪萊的住所，手上也沒有多少錢來維持生活。因此，哈麗雅特只能尋求父親的幫助，重新回到巴斯地區。大約在 7 月初，哈麗雅特收到了雪萊寄來的一封信。在這封信裡，雪萊表達了對她的福祉的關心，並一直與她保持通信，為她寄去一些金錢，並沒有逃避任何與哈麗雅特之間的聯繫。

在我看來，雪萊肯定是承擔起了這次分離所應該承擔的責任。雪萊在這方面做出的行為，可以透過他在愛情與婚姻這個問題上所發表的宣言中看出來 —— 哈麗雅特肯定對雪萊的這些話語都非常了解，也願意與別人分享。關於這方面，雪萊當時剛剛在《仙后麥布》這本詩集裡進行了大量的說明。當時，世人仍同意艾爾登爵士的觀點，即認為雪萊所宣揚的這些思想對整個社會都是危險的，也認為這是有損所有詩人品格的。但是，倘若我們譴責雪萊以坦率的方式表達自己的情感，指責他沒有按照他極為憎恨的現有道德規則去做事，或是強迫他去承認被他認為是最邪惡的社會弊端的道德觀念的話，那就是非常不公平的。我們必須要記住一點，雪萊家族以及雪萊的朋友理查‧加內特對雪萊的回憶，可以讓我們明白一點，雪萊沒有對哈麗雅特進行任何的攻擊。現存的所

---

[17]　不過，利亞‧亨特與梅德溫都一致認為，他們的這次分離是雙方一致同意的結果。因此，這個問題必須要研究皮科克以及加內特留下的紀錄。

有檔案都可以證明，雪萊在這件事情上的做法是清白的。因此，在對雪萊的事情做出決定性的判斷之前，我們最好還是要等待這些檔案的公布。毋庸置疑的一點是，在離開哈麗雅特四十天之後，雪萊與瑪麗·古德溫離開了倫敦，而瑪麗也同意一起分享他的財富。雪萊這一段全新的人生道路，走得是多麼的辛苦，而瑪麗又是如何認為自己就是雪萊人生的伴侶，這可以透過雪萊女士自己的話來進行闡述：

「雪萊的痛苦、孤獨以及對其他女性的冷漠。他那文學天才以及演說的激情，都讓古德溫的女兒，當時十六歲的瑪麗留下了深刻的印象。在當時的瑪麗看來，她已經習慣了聆聽雪萊所談論的那些有趣而古怪的事情。對她來說，這就像在聖潘克拉斯（St Pancras）交談所經歷多事的一天，雪萊站在她母親的墳墓前，用激烈的言語，表達出內心對過去最狂熱的想法——表達了他遭受了多少痛苦，他是如何被人引入歧途。雪萊還表示，如果能夠得到瑪麗的愛，他在未來就可以與那些為世人做出重大貢獻的智者與善良之人齊名。他願意為了人類的事業忍受所有的痛苦。瑪麗聽了之後，毫不猶豫地將自己的手放在雪萊的手上，將自己的命運與雪萊的命運繫在一起。正如所有的回憶錄所證實的，這也是他們兩人獲得救贖的承諾。按照理論來說，創作出《政治正義》以及《女性權益》的作者的女兒，肯定是一個接受過教育的人，肯定不需要在自己的個人責任與情感之間遭受任何衝突。因為，

瑪麗的父母都認為，婚姻是人類全新歷史上一個必須要消除的制度。瑪麗非常喜歡自己的父親，她母親的作品也是她非常尊敬的 —— 因此這樣的信條對她的思想而言是非常熟悉的。因此，瑪麗更願意聆聽內心的想法，願意將自己的命運與自己所愛的人連結起來，這也是自然而然的事情。

在哈麗雅特從巴斯回來之後，就生下了雪萊的第二個孩子查爾斯・比希（Charles Bysshe Shelley），但查爾斯・比希在 1826 年夭折了。之後，哈麗雅特還與另外一位男人嘗試過建立家庭，但最終以失敗告終。1816 年 11 月 10 日，哈麗雅特跳進了塞彭丁河，溺水身亡。從 1814 年 6 月到 1816 年 11 月這段時間裡，以及哈麗雅特在這段時間與雪萊形成的全新關係來看，可以證明，雪萊拋棄妻子的做法與哈麗雅特的自殺，並沒有存在著直接的關聯。哈麗雅特總是沉湎於自我毀滅的想法。而霍格在哈麗雅特這件事情上，從來都不是站在對立面的，因此他做出了詳細的紀錄。因此，我們可以認為，哈麗雅特對第二段戀情感到失望。她想到了之前所珍視的人生計劃，卻始終無法實現。最後，她決定切斷生命之繩索，透過自殺的方式結束所有煩惱。

只要可能的話，我都嘗試盡可能地在沒有幫助雪萊減輕罪行或是進行任何譴責的情況下，去記錄雪萊人生中最痛苦的一段時間。很多檔案上記錄的內容，都是雪萊夫人與加內特先

生所記錄的，但這些內容是自相矛盾的。因此，對雪萊來說，他要想在人類最重要的關係中因為自己的冷漠與表裡不一而逃過譴責，這是不可能的。不過，我還是認為，雪萊的本性是善良的。我們必須要按照支配雪萊行為的特殊原則去看待他。就我本人而言，我願意在所有真相大白之前，不去妄加評論。雪萊夫人與加內特先生所談論的內容，讓我們覺得，雪萊在這件事情上是不需要負任何責任的。雖然他們都有為雪萊求情的緣由，但這顯然越過了做出謹慎評價的界限。

7月28日，雪萊與瑪麗·古德溫離開了倫敦。在此之前，瑪麗·古德溫一直都在父親的保護下生活。他們的這次離開是在保密中進行的，因為他們是在克萊爾蒙特 (Claire Clairmont) 女士的陪伴下離開的，而克萊爾蒙特的母親並不同意他們三人一起離開。前往多弗 (Dover) 之後，他們乘坐一艘無甲板船穿越了英吉利海峽，之後馬上前往巴黎。他們租借了一頭驢子來運輸行李，想要徒步穿越法國。不過，雪萊卻因為扭到了腳踝，最後不得不要租借了一頭驢子來騎乘。就是透過這樣的交通方式，他們來到了侏儸山脈腳下，進入了瑞士的紐查特。最後，他們將琉森湖 (Lake Lucerne) 旁邊的布魯嫩 (Brunnen) 作為落腳點。在這裡生活期間，雪萊開始創作他的浪漫主義詩歌《謀殺者》。這首詩歌的部分內容收錄在他的散文作品裡。因為經濟上的拮据，不久之後就強迫他們想著要回家了。而回去的這趟旅程則需要經過羅

伊斯河（Reuss）與萊茵河（Rhine）。他們在一段糟糕的旅程之後，於 9 月 13 日來到了格雷夫森德（Gravesend）。雪萊夫人所寫的《六週旅程的見聞》（*History of a Six Weeks' Tour*）就詳細講述了這次旅程的細節。這次旅程對於形成雪萊的人生品味產生重要的影響，也讓他欣賞到了河流、岩石與高山的景色。他在之後創作《阿拉斯托爾》（*Alastor*）這本詩集裡，就充分利用了這些創作素材。

　　每年秋天時節，都是雪萊陷入經濟困境的時候。但在 1815 年 1 月 6 日，雪萊的祖父去世了，雪萊成為了從男爵爵位以及家庭財產的下一個繼承者，因此雪萊的父親準備給雪萊每年一千英鎊。在得到這筆錢之後，雪萊馬上將部分錢寄給了哈麗雅特。整個冬天，雪萊都是在倫敦度過的。在這段時間裡，雪萊有時會步行前往醫院。據說，雪萊之所以這樣做，是為了掌握一些有關醫學方面的知識，好讓他可以救治窮人。不過，這個時期的雪萊在健康方面處於糟糕的狀態。替雪萊看病的那位醫生表示，雪萊正在迅速受到肺結核疾病的影響，而雪萊也的確經常為此忍受著劇烈的疼痛。肺病的症狀似乎變得越來越明顯，在接下來的三年裡，雪萊顯然也知道自己會英年早逝。不過，1818 年，關於這些疾病所帶來的危險都消失了。在雪萊接下來不多的人生時間裡，他只是遭受著身體痙攣與其他疼痛的影響。這樣的症狀也讓不少給他看病的醫生感到非常驚訝。雖然這種疾病給雪萊帶來了極

大的身體痛苦，卻沒有對他身體內部的重要器官造成致命性的影響。至於雪萊的健康的這個問題，我們還是交給之後的自傳作家去談論吧。就目前而言，我們只需要記住，雪萊所處的這種身體狀況，是可以表明雪萊已經預計到了，自己可能在不久的將來就會離開這個世界。

　　雪萊是一個喜歡四處旅行的人。早在這年初夏，雪萊就與瑪麗準備外出旅行。他們前去遊覽德文郡（Devon）與克里夫頓，之後在溫莎森林的主教門大街的一間房子裡落腳。他們這個夏天的行程，因為必須要乘船沿著泰晤士河前往其源頭，並與皮科克、查爾斯·克萊爾蒙特等人一起感受雪萊對乘船的樂趣。後來，雪萊也開始喜歡上了乘船的感覺。不過，人約在這個時候，也出現了一些疑慮。梅德溫告訴我們，雪萊在還是個孩子的時候，就非常喜歡待在水裡，也非常享受在伊頓公學讀書期間的假期。另一方面，W.S. 哈里戴先生所說的話則要比梅德溫更加具有權威。哈里戴先生肯定地表示，他從未見過雪萊到伊頓公學附近的河裡游泳。霍格也從未談到任何雪萊在牛津大學就讀期間進行過划皮艇的訓練。可以肯定的是，雖然雪萊對船隻以及每一種類型的水都有著熱愛 —— 無論是河流、大海、湖泊還是運河 —— 但是，雪萊卻從未學習過游泳。皮科克還注意到了雪萊喜歡摺紙船放在河流上。當雪萊長時間站在池塘邊，只是想要將一隻紙船放在池塘上，還遭受到了霍格的嘲笑。關於雪萊曾用

銀行匯票來摺紙船，並放在肯辛頓花園附近的湖泊上的故事，應該也可以佐證雪萊的這種愛好。

　　在他們從乘船旅程中回來之後，雪萊開始創作《阿拉斯托爾》詩歌了。在這首詩歌裡，雪萊將溫莎森林的草地、樹木、橡樹都真實地刻劃出來了，還加入了個人想像出來的神奇畫面。在第二年的出版的一本詩集裡，這首詩歌與其他幾首詩歌一起出版了。《阿拉斯托爾》是雪萊出版的第一本詩歌集，而且是第一首能夠充分展現出他詩歌創作天才的作品。在這之後，從未有任何詩人能夠將無韻詩寫的如此宏大且具有音樂性：雖然雪萊的詩歌裡某些段落可以追溯到彌爾頓與華茲華斯身上，但是這些詩歌總體表現出來的抒情韻律與震撼人心的思想，卻是只有雪萊才能創作出來的。

　　《阿拉斯托爾》是一位復仇魔鬼的名稱，將其受害者都帶到荒漠。在皮科克的提點下，雪萊選擇了這個人物作為一首詩歌的名稱，描述有著孤獨靈魂的復仇女神。撇開這部藝術作品的內在價值，《阿拉斯托爾》這部作品帶有強烈的自傳性質，雪萊夫人就曾肯定一點，這是雪萊預估自己即將要死去的情況下創作的。當時的雪萊感到了一種深沉的挫敗感，這都是他早年生活的不幸所殘留下來的。在這首詩歌裡，雪萊對一些不是那麼健康的情感的描述，似乎貫穿了整個宏大敘事的過程。雪萊所觀察到的自然美景 —— 無論是在威爾斯、林頓還是在瑞

士所看到的景色，包括羅伊斯河上的渦流，森林裡橡樹下面的陰影 —— 這些畫面的刻劃都會激發出我們深層的情感。不過，在《阿拉斯托爾》這首詩歌裡，我們還可以找到更深層次的意義。這種深層次的意義，並不是關於死亡的思想，也不是關於雪萊與自然之間形成的密切關係，而是在於將聖奧古斯丁（St. Augustine）的座右銘放在詩集的扉頁上。在雪萊一年之後創作的《智慧美感頌歌》（*Hymn to Intellectual Beauty*）裡，同樣引述了聖奧古斯丁的一句座右銘。在詩歌創作的過程中，雪萊的內心洋溢著理想主義的情感，不斷追求著他在宇宙世界中所感受的景象，徒勞無功地希望找到那種能夠刺激內在精神的力量，徒勞無功地希望讓他的愛意變成永恆。《阿拉斯托爾》與《靈魂上的靈魂》一樣，都展現出了雪萊思想上的一個錯誤，就是認為美感的思想可以透過他手上的筆，透過任何世俗的形態呈現出來：雖然《智慧美感頌歌》認知到了一個事實，即實現這樣的理想是不可能的。雪萊最後所寫的一封信，也以恰當的方式去對這種錯誤的思想進行了分析：「我認為，一個人始終會愛著某些東西。至於存在的謬誤，這是我必須要承認的。我必須要坦誠，要想讓精神長久地停留在血肉之軀裡，從而避免出現任何謬誤，這是極為困難的。因為這需要我們將短暫易逝的畫面變成永恆。」但是，雪萊發現，只有經歷「讓哲學的心智慢慢成熟的歲月之後」，或是當他處在可能英年早逝邊緣的時候，才發現了這個事實。

下面引述的這段內容，是《阿拉斯托爾》這首無韻詩的一個典型代表。這表明了雪萊更願意在一種理想的愛意中獲得憐憫與同情。而那種神性美感所帶來的情感，也激盪著雪萊的靈魂：

終於來到了花刺子模孤獨的海岸邊。

他停下了腳步，看著一大片孤獨而憂鬱的沼澤地。

一種強大的衝動促使著他的腳步朝向海岸邊。

一隻天鵝就在哪裡。

在蘆葦叢中緩緩流淌的溪水上，

他迎接著猛烈的風，走了過來。

他看著波光迤邐的河水沿著

漫長的河道延伸。

他的雙眼追逐著光影 ——

「美麗的小鳥！

你擁有著一個家，你可以回到自己的家。

你那溫柔的夥伴會彎下疲憊的脖子，

用熱情的雙眼歡迎你回家。

它們為自身的歡樂而展現出光亮的色澤。

為什麼我還應該站在這裡，

聽著比你逝去的聲音更加悅耳的聲音，

這是比你們更加宏大的神靈，更加

展現出美感的所在，但卻在浪費著這些無法超越的
力量。

死寂的空氣遮蔽著迴盪著我的思想的

大地與天國？」

絕望的希望背後展現的陰鬱笑容，

讓他那顫抖的嘴唇不斷震動。

他知道，沉睡會無情地慢慢到來，安靜的死亡會慢
慢呈現

也許，沉睡是毫無信仰的表現，而充滿陰鬱的色澤，

再加上詭異的笑容，止在嘲笑著原先神祕的魅力，

雪萊與瑪麗‧古德溫的長子威廉（William Shelley）生於
1816 年 1 月 24 日。這年春天，他們在克萊爾蒙特女士的陪
伴下，再度前往瑞士。他們在 5 月 17 日抵達日內瓦，之後
很快就與拜倫爵士以及他的隨行醫生波里道利（John William
Polidori）見面了。之前，雪萊還沒有見過拜倫，雖然他曾給
拜倫寄去了他所創作的《仙后麥布》的詩集，但這本詩集卻
因為郵局出現錯誤沒有送到拜倫手上。見面之後，他們每天
都進行思想方面的交流，他們分別居住在迪奧達地的別墅與
蒙特阿里戈，這兩個地方都非常近，因此他們經常會在湖裡
划著他們所購買的小船，晚上也一起進行交流。克萊爾蒙特
女士早在倫敦的時候就認識拜倫了，此次再度見面更是加深

了他們的親密度。而這次見面最後結出的果實是，生下了愛蘭歌娜（Allegra Byron）這個女兒。有關這個事實，是雪萊的自傳作家們必須要提到的，因為愛蘭歌娜經常來到雪萊的家。雖然雪萊與瑪麗都不知道發生在日內瓦的事情，但他們並沒有對拜倫的女兒的母親表現出冷漠的態度。在接下來六年的時間，拜倫與雪萊的人生注定會出現有趣的交集。他們兩人都將義大利視為避難的國家，而他們之間的友情，也成為了英國文學史上最有趣的一段歷史。正如雪萊經常說的，拜倫對他的影響，在相當程度上是比較壓抑的。關於這點，雪萊的妻子也曾做過證實。因為拜倫所表現出來的文學天才以及他在詩歌層面上的成就，雪萊對他表現出極大的敬意。因此，雪萊情不自禁會將自己取得的成就以及具有的名聲，與拜倫去進行一番對比。而這種對比的結果，就是他錯誤地認為，要想成為一名更加偉大的詩人，就必須要過上懶散的人生。不過，雪萊所具有的才華，也進一步激發了拜倫的創作才情，讓他提升了作品的道德標準，並加入了個人哲學思想的深度與熱情。雖然雪萊非常喜歡與拜倫的社交圈子打交道，非常欣賞他的作品，但雪萊也深刻地意識到拜倫的本性中存在著諸多的不完美。關於這方面的印象，雪萊在寫給馬達洛爵士、在威尼斯與拉文那寫給他妻子的信件，以及他與利亞·亨特就義大利之旅的通信裡，都可以找到很多關於拜倫的品格的詳細描述。顯然，雪萊從不認為拜倫是一位完美

的朋友，也從未將他視為一位可以在情感或是行為層面上產生深沉共鳴的人。而在拜倫看來，雪萊則是他所認識的最為純粹的人。「他是我認識的人當中，最為善良、隨和或是最不世俗的人，他充滿了細膩的想法，要比其他人都更加無私，有著一種將個人天才以及罕見的簡樸精神聯合起來的特質。雪萊對一切美好、高尚的事物都有著完美的思想。他在自己所寫的每一封信裡，都在按照這個標準去做。」

到了 6 月底，雪萊與拜倫一起乘坐船隻前往日內瓦湖遊覽，船隻因為觸碰到了梅勒里的岩石而傾覆。這個時候，雪萊面臨著可能被淹死的可能。不過，在之後寫給皮科克的一封信裡，他表示，不希望拜倫為了拯救自己而犧牲自己的生命。拜倫則將雪萊描述成「一個像獅子那般勇敢的人。」事實上，拜倫曾說過，雪萊在生理層面上表現出來的勇氣，與他在道德層面上表現出來的無所畏懼勇氣是相對的。雪萊表現出了前所未有的勇氣，絲毫沒有任何的恐懼感，彷彿他從來不知道什麼才是真正的恐懼。在另一次夏日遠足旅行中，他們前往了霞慕尼（Chamonix）地區。雪萊在寫給皮科克的一封信裡，就用柯勒律治式的詩句描述了他對白朗峰的讚美。在雪萊的《萊昂和西茜娜》這首詩的前言裡，我們就可以看到白朗峰上的冰雪給他留下了深刻的印象，他也為自己置身於這個充滿冒險的世界而感到非常興奮。他在前往瑞士與法國這兩趟旅程的紀錄裡，就用非常興奮的口吻寫道：「我從孩童時

期開始，就對高山、湖泊、海洋以及森林的孤獨有著一種特別熟悉的感覺。到這些地方去，危險是始終存在的，這就好比置身於懸崖邊緣的感覺，始終都讓我感到非常興奮。我的雙腳踩在阿爾卑斯山脈上的冰川上，欣賞著白朗峰的美麗景色。在這片人跡罕至的地方，我就像一個迷途的旅行者。我乘船跨越了寬闊的河流，欣賞著日出日落，欣賞著夜晚的星星。無論白天還是黑夜，我都在高山形成的洶湧小溪上乘船前進。我去過人口密集的大城市，也看到了這種激情在不斷升起與延伸。這裡的地形地貌也深刻地改變著這裡民眾的生活。我看到了很多地方都因為專制統治與戰爭而遭到摧毀，看到了很多城市與村莊成為了一片冒著黑煙，沒有屋頂的地方。而很多當地人都絕望地坐在門檻上，忍受著飢餓。」

在他們回到湖泊的時候，雪萊發現 M.G. 路易斯與拜倫已經成為了朋友。路易斯的加入，讓他們就幽靈的存在進行了一番討論，他們每個人都需要虛構一個關於幽靈方面的故事。波里道利的《吸血鬼》（*The Vampyre*）與雪萊夫人的《弗蘭克斯坦》（*Frankenstein*）是他們這些聊天所產生的一些結果。但是，這件事對雪萊的心理狀態還是造成了一定的影響。到了 7 月 18 日午夜時分，拜倫朗誦了《克里斯特貝爾》（*Christabel*）這首詩歌裡關於描述女性胸脯的內容。雪萊突然站起身，發出尖叫聲，迅速離開了房間。因為，雪萊彷彿看到了一個有著雙眼卻沒有乳房的女性。在這個時候，雪萊正

在記錄與睡眠現象相關的事情，並將這些內容加入他的《形而上學的思想》(*Speculations on Metaphysics*)一書裡。雪萊夫人告訴我們，只要雪萊想到夢境中某些具有興奮或是神祕意義的事情，就會嚴重影響他的神經系統，讓他必須要放棄這項工作。在雪萊的一生中，他始終無法完全擺脫這些有著現實基礎為依靠的幻想。有時，這些幻想會出現在他睡眠的時候，有時則會在他甦醒之後，仍然以栩栩如生的方式出現在他的腦海裡。有時，這些幻想似乎會在他強烈的冥想中慢慢成形，或是在他的眼前呈現出一幅圖畫，將他所感受到的強烈內在印象呈現出來。他的這些感覺都是以一種病態尖銳的方式呈現出來的，而雪萊那異常活躍的想像力，有時讓他無法將現實與幻想真正地區分開來。雪萊的這種性情，雖然更多是源於一種強烈的敏感心理，這在具有藝術秉性的人當中是比較常見的。但是，雪萊一旦處於神經興奮的時候，就會在觀察普通事物或是思想方面，出現一種幻覺。當我們試圖去對雪萊創作的《詩與真》這部作品進行分析的時候，就有必要分析雪萊的這種性情。比方說，皮科克所談到的一些奇怪故事，據說就是雪萊在這年春天在特雷馬多克的威廉姆斯（Williams）家裡所感受到的，這也可以解釋雪萊一些思想的形成，都是事先經過一番的構思，無論他接受資訊的管道是透過耳朵還是雙眼，這顯然都會以一種潛移默化的方式，讓所有人都能感受得到。

當他們於這年 9 月回到英國的時候，雪萊在泰晤士河馬洛地區的一個村莊裡定居了，他這樣做是為了距離自己的朋友皮科克更近一些。當他為自己的家庭住所進行準備期間，他留在了巴斯。正是在巴斯，他聽到了哈麗雅特自殺的消息。那個曾經對他來說那麼深愛的女人，現在竟然在痛苦、孤獨與匱乏中結束自己的生命。哈麗雅特是自己兩個孩子的母親，卻兩次被自己的丈夫與愛人所拋棄，最後被迫回到父親的家裡。在那樣的環境下經歷了短時間的掙扎，她最終選擇了自殺。不過，不管雪萊怎麼認為自己的良心可以不需要遭受任何譴責，但是他的內心還是感到了一絲自責，並感受到了悲傷與痛心。毫無疑問，哈麗雅特自殺的消息，深深地刺痛著他的心。他之所以感到懺悔的一個深層次原因，似乎是認為，正是自己讓哈麗雅特陷入了一種她配不上自己的想法而自尋短見。雪萊認為，倘若哈麗雅特沒有遇到自己或是沒有接觸他的思想，那麼她可能會在普通的家庭裡過上了幸福的女性生活。雪萊的一名自傳作家表示，「雪萊經常會被某些記憶所困擾，這些記憶部分是真實的，部分是他自己想像出來的。這些記憶就像俄瑞斯忒斯（Oresteia）那樣不斷困擾著他。」甚至連只是在雪萊人生最後幾個月認識他的特里洛尼也表示，雪萊對那個可怕的時刻所殘留下來的印象，仍然是那麼的深刻。我們可以將雪萊表達出來的痛苦哀婉情感，從他於 1817 年所寫的詩句裡看出來。雖然雪萊沒有直接提到

哈麗雅特的名字，皮科克還是記錄下了一個場景，就雪萊向一位朋友透露他內心的痛苦之情。

雪萊立即匆忙返回倫敦，透過與利亞‧亨特的交流，獲得了內心的一些安慰。認識利亞‧亨特這位優秀的人，並與他成為朋友，這對於雪萊從這樣的痛苦中擺脫出來是非常有幫助的。因為若是遇到了其他人，那麼雪萊肯定要遭受嚴厲的指責。在哈麗雅特自殺這個悲劇之後，馬上又出現了兩件重要的事情。第一件重要的事情，是雪萊與瑪麗‧古德溫在1816 年 12 月 30 日舉行婚禮。至於雪萊這樣做，是否受到外部的強大壓力，我是存在疑問的。在所有活著的人當中，雪萊是一個願意將自己的理念與實際行動結合起來的人。在這件事情上，我們找不到雪萊不去按照自己一直以來堅持的原則去做的原因，因為這符合他與自己的伴侶，更別說瑪麗的父親與母親的利益了。因此，我們完全有理由認為，雪萊是屈從了這樣的想法。這些想法肯定是古德溫提出來的，因為自雪萊於 1816 年離開英國之後，古德溫就一直沒有以友好的態度對待他。在古德溫所處的那個時代，雖然他被大大高估了，而且被雪萊大大地理想化了，但他所具備的才華還是接近於天才的。但是，古德溫絕對不是一個表裡如一的人。他在金錢問題上的做法，表明他絕對無法過著那些自給自足的哲學家的生活。當雪萊在稱呼他時，沒有將他稱為先生，古德溫所表現出來的惱怒情緒，與他之前所公開宣揚的哲學

思想形成了諷刺的對比。因此，我們也許可以得出這樣的結論，那就是古德溫擔心雪萊是他一個充滿熱情且徹底的追隨者，根本不顧他的反對，還是想要娶的他的女兒為妻子。如果我們猜測，古德溫祝賀瑪麗成為了未來男爵夫人的話，那麼這樣的猜測肯定也不會出現大的差錯。

另一件重要的事情，就是韋斯特布魯克拒絕將孫子的撫養權交給雪萊。因此，雪萊與韋斯特布魯克就此事鬧上了法庭。在 1817 年 8 月的最後判決裡，法官艾爾登爵士剝奪了雪萊對兒子與女兒的撫養權，理由是雪萊在《仙后麥布》裡表達的觀點以及他對第一任妻子所做出的行為。最後，雪萊的孩子被安排到了一位牧師的手下，按照與他們的父母完全不同的原則去進行教育。而雪萊每年還要支付兩百英鎊的撫養費。此時，作為父親的雪萊才真正明白了，古代埃斯庫羅斯（Aeschylus）的那句名言「任何行為都必然會帶來相應的後果。」雪萊表現出來的衝動、他自認為可以承擔最沉重的責任，他對自身能量的過度自負，認為可以改變世俗的觀點，都讓他陷入了這樣的悲劇 —— 一位曾經愛著他的女人自殺了，而且他也不能親自撫養自己深愛的孩子。

雪萊的思想實在是太豐富了，因此無法適用於任何布道演說。但是，我們還可以從希伯來或是希臘故事裡的一位英雄去認識他。雪萊的人生是一場悲劇。與古希臘戲劇裡的主

角一樣，他也犯下了很多錯誤，並且因此遭受了沉重的懲罰。他對抗著人類世俗所公認的正義祭壇，現在，他必須要承擔這樣做所帶來的後果。他鄙視著一切世俗的傳統，用傲慢的態度將其踩在腳下，最後卻只能在面對最殘酷的危機時，弄得自己無比心碎。從他的道德本性所遭受的粗野實驗過程中，他蛻變成了一個更加強大的人。如果他可以活得更長，那麼他肯定能夠從這樣的經歷中，讓自己變成一個更加高尚的人；經歷這樣苦澀的結果，會讓他想要追尋的一成不變的法則處於和諧狀態。正是雪萊那種天生正直與勇敢的本性，與普通人所處的日常生活環境，才讓他的人生變得如此的具有悲劇色彩。我們完全可以認為，當雪萊閱讀索福克勒斯所寫的伊底帕斯悲劇時，他並沒有將裡面談到的關於自我意志與復仇主義的理念運用到自己的人生之上。

第五章
馬洛的生活，
義大利之行

在孩子撫養權的官司中遭遇失敗之後，雪萊忍受著內心痛苦的折磨。讓他的內心感到更加痛苦的是，自己即將要去世的想法，就像一團烏雲那樣始終籠罩在他的頭上。正是在這樣的想法支配下，雪萊在 1817 年夏天創作出了《萊昂和西茜娜》這首詩。為此，他花費了六個月的創作時間。「這首詩，」用雪萊的話來說，「是我在船上完成的。當時這艘船沿著比薩姆的比奇格羅弗河上漂流，前往鄰近的國家。沿岸的景色是我難以用語言去描述的。」每當天氣允許的情況下，雪萊都會在呼吸新鮮空氣的情況下去進行創作。無論是在伊斯特的卡普奇尼別墅還是在卡拉克拉的巴斯這個普羅米修斯誕生的地方，雪萊都會感到文思泉湧。《欽契一家》似乎是雪萊在萊格霍恩的巴爾薩瓦諾別墅的屋頂上完成的。無論是佛羅倫斯的卡西地區，還是比薩附近的松樹叢林，還是聖朱利亞諾的草地，還是尤根尼恩群山，都曾見證過雪萊創作出最優秀的詩歌作品。雪萊創作出的著名詩歌《人生的勝利》（*The Triumph of Life*），就是他在斯佩齊亞港口乘船時創作出來的。

　　如果說《阿拉斯托爾》這本詩集表達了雪萊的本性以及他對理想狀態下美感的看法的話，那麼《萊昂和西茜娜》則在更深層次下表達了雪萊的情感。雪萊之前所經歷的人生以及他內心所有的想法——包括他對友情的強烈信念，他對男女平等的堅定原則，他對不流血革命的追求，他對理智可以推動國家發展的自信，他對自由愛意的信條，他所堅持的素食主

義，他對任何宗教層面上的不寬容與專制的反感 —— 這些理念都混合在一起，讓他可以集中個人的才華，以極為浪漫優美的詞句去表達個人的情感。這首詩裡的主角，萊昂就是雪萊本人埋想化的形象。這也是雪萊在愛爾蘭參加政治宣傳運動時，對自我形象的一種想像。而詩集裡的女主角西茜娜，則是萊昂夢寐以求的幫手。西茜娜是一位情感細膩的女性，卻有著男性那樣熾熱的情感，能夠像男性那樣迅速地掌握到問題的本質。在這本詩集的第一版本裡，雪萊讓萊昂與西茜娜以兄妹的身分出現，這絕對不是因為雪萊對任何亂倫行為表現出特殊的嗜好，而是因為他想要對這個社會所堅持的倫理道德進行一番抨擊，攻擊當時那些束縛人類的傳統。在這本詩集的前言裡，雪萊就告訴我們，他創作的目的，就是希望能夠點燃讀者心目中的熱情，「讓他們對追求自由與正義產生持久的熱情，對真善美產生信念與希望，反對任何形式的暴力、任何誤解或是偏見，並認為後者都能夠從人類身上徹底消滅。」雪萊還表示，他創作這本詩集，是為了闡述「個體心智的成長與進步，是可以在某個卓越榜樣的鼓勵下去實現的，從而讓每個個體都表現出人類的愛意。」在這本詩集裡，雪萊大力謳歌愛意，「將愛意視為唯一一種控制著道德世界的法則。」雪萊在這種可謂是教條主義思想的指引下，去表現出強烈的浪漫主義情感，這是雪萊作品的一大鮮明特色。這本詩集是雪萊按照史賓賽詩節（Spenserian stanza）的方式去寫

的，詩句明快，閃耀出光輝的思想，這些都是雪萊特有的東西。整個故事描述了，一個國家在一位年輕的預言詩人的呼喊下，產生了追求自由的動力，並為了追求正義的事業取得了一定的成就，最後戰勝了專制政權。在這個過程中，男主角壯烈殉道了，而女主角也願意一起殉道。整本詩集講述了很多驚險刺激的事情，描繪了很多美好的景象。但我們可以說，故事本身是整本詩歌集裡最不重要的部分。很少有讀者會真正認同雪萊在詩歌集裡刻劃出來的那些幻想角色，或是在閱讀他的敘述時，不會產生厭倦的心態。正如雪萊所創作的其他詩歌一樣 —— 特別是雪萊想要闡述一個故事的詩歌裡，因為雪萊的真正天才並不在闡述故事方面 ——《萊昂和西茜娜》這本詩集的核心目標，都是圍繞著畫面與想像這個層次上的，因此我們很難完全目不轉睛地注視著它，因為這些思想所發出的燦爛光芒會讓我們什麼都看不到。但是，每一位讀者在閱讀那些有十個詩節的詩篇，或是有五個詩節的詩篇，都肯定會感受到，雪萊就像一隻年輕的老鷹，正在詩歌的廣闊天空下展翅高飛，並在飛翔的過程中，不斷表達出個人的思想。在《萊昂與西茜娜》這本詩集第一次面向大眾出版的時候，世人都根本沒有意識到這點。當時，很多人都對雪萊的這部作品進行嘲笑與玷汙，認為這是一本垃圾之作，只是強化了雪萊作為《仙后麥布》作者內心的那種成見。

　　我在談論這本詩歌集的時候，是按照其第一個名稱《萊

昂與西茜娜》去談論的。這本詩集的一些版本是以這個名稱來出版的 [18]。但是，出版商奧利爾出於對這本詩集的銷量的合理擔心，建議雪萊改變詩集裡主角與女主角之間的關係，並且以《伊斯蘭的反叛》為名稱，加入一些之前被刪除的段落。這本詩集在 1818 年 1 月出版。當時的雪萊居住在馬洛地區，正準備開始創作兩首自傳性詩歌──其中一首詩歌是《阿扎那斯王子》，但是雪萊隨後則放棄這首詩歌的創作，因為他認為自己要創作的這首詩歌有著過分強烈的自省精神，並且對自己進行了一番病態的自我分析。雪萊想要創作的另一首詩歌則是〈羅薩琳和海倫〉（*Rosalind and Helen*），這首詩歌則是他後來在義大利完成的。對於他所創作的第二首詩歌，雪萊一直都覺得很不滿意，認為這根本無法與他最優秀的詩歌作品進行相比。對於雪萊的自傳作家們來說，這兩首詩歌的主要價值，就在於雪萊描述了萊昂內爾 (Lionel) 這個人物形象，也許，這個人物形象與雪萊自身的形象並不完全相符，但卻代表了他想要成為的人物。無論是在《阿拉斯托爾》裡面的詩人形象，還是《伊斯蘭的反叛》裡面的萊昂，還是〈羅薩琳和海倫〉與《阿扎那斯王子》裡的萊昂內爾的形象，事實上都是雪萊對自身形象的一系列描述，只是這些不

---

[18] 至於雪萊的這本詩集到底有多少個版本在市面上流通，這是無法去估計的。但是，市面上流通的版本肯定比傳統的三個版本來的更多。因為在我還是哈羅公學就讀的一個小學生時，我就在布里斯托爾書店的書架上發現了兩個版本的這本詩集的無刪減版本，當時，每個版本的價格是兩先令六便士。

同人物形象在個人氣質以及理想主義色彩方面存在著些許差異而已。在雪萊之後的人生裡，他漸漸超越了對這種理想主義化自我的關注，而是將自己的詩歌才華更多地專注於更加客觀的主題上。但是，雪萊在創作詩歌時表現出來的那種自傳性傾向，卻使雪萊創作出來的最優秀的抒情詩歌，始終都帶有強烈的個人特色。

　　在告別雪萊人生成長的第一個階段，我們最好還是讓讀者閱讀一下雪萊具有自我敘述代表性的詩歌作品。因為要想從《萊昂和西茜娜》這本有著連續詩節的詩歌裡節選出某個段落，這是比較困難的，因此我選擇了描述年輕的萊昂內爾的〈羅薩琳和海倫〉的詩歌段落：

> 「致萊昂內爾，
>
> 雖然你有著龐大的財富與高貴的血統，
>
> 但是，你穿越了地牢的大門，
>
> 看到激動人心的光明！哦，自由！
>
> 在午夜劃過天空的流星火焰下，
>
> 驚醒了那些沉睡者，如白晝般的真理，
>
> 閃過了他那充滿想像的青春世界，
>
> 讓他的內心不僅充盈著愛意，而且還充滿了信念
>
> 與希望，有了沉默面對死亡的勇氣。
>
> 因為對他來說，愛意與生命都是一對雙胞胎。

都是在一同誕生的：對其他人來說，

一開始有的是生命，然後才會有愛意。

雖然它們都有著同樣的母親，

它們都需要在這個黑暗的世界裡穿行，

然後慢慢分開，直到死神讓他們重聚：

但是，他仍然愛著萬物。接著

他會經歷人與人之間的紛爭，

勇敢地站在武裝保證的面前，

用世人哀婉的口吻進行請求：

希望能夠將愛意放在一個堅如磐石的地方。

在海浪不斷沖刷的沉船下，

面對著人類狂野的激情，

他就像一種撫慰的精神那樣存在著。

據說，他的言語像音樂，

讓人們的內心趨於平靜，

能夠阻擋不安分夢想的洪流不斷湧動。

讓凡夫俗子都能夠找到真理與理智。

他是快樂的，每個聆聽他話語的人，

都能感受到希望與平和之心。

在他那甜美的話語裡，就像露水一樣，

慢慢滋潤著每個人的心田。

對那些心情憂鬱的人來說，

他的每一個姿勢都讓人感傷落淚。

但是，那位頑固的暴君，卻從未因此做出讓步：

他的存在刺痛著每個受害者的心靈。

每個人都不知道該怎麼辦，

但是他所說出的話彷彿有著微妙的神奇力量，

讓那些一心想著金子的人敞開心扉，讓他們

掙脫出奴隸制的枷鎖。

世人都在奇怪，一些人甚至嘲笑著

他播下的種子，是絕對沒有回報的。

他們說，因為他是一個富有且年輕的人

可能會在奢華的生活中大吃大喝。

如果他想要追求名聲，那麼名聲絕對不會光顧他的。

他必須要成為被踐踏的信念的擁護者：

如果他想要追求力量，那麼力量自然會降臨在他身上。

不管遇到了多少正確與錯誤，

都不能用讚美與寵溺的辦法去餵飽那些飢餓的狼群。

那些距離權力越近的人，必須要不斷努力。

所有人都應該明白這點。」

在馬洛居住期間，雪萊經常前往利亞·亨特在漢普斯蒂

德的房子裡做客。他在這裡認識了詩人濟慈以及史密斯兄弟，這位《被剔除的演說，或是新劇場詩人》的聯合作者。亨特在回憶錄裡就記錄了雪萊在這個時期生活的一些細節，因為霍格與皮科克沒有關於這個時期雪萊的任何紀錄，因此亨特的紀錄是非常寶貴的。亨特描述雪萊在馬洛地區生活方式時，這樣寫道：「他每天很早起床，然後散步，在吃早餐之前還要閱讀。他吃得很少。吃完早餐之後，他會將早上的大部分時間都用於寫作與研究，然後繼續散步與閱讀，他吃的都是蔬菜（因為他從來不吃肉喝酒。）之後，他會再次外出散步，直到晚上十點鐘與他的妻子一起朗讀之後，才會上床睡覺。這就是他每天的生活習慣。他所閱讀的書籍一般都是關於柏拉圖、荷馬或是古希臘的一些悲劇詩人，或是《聖經》(*Bible*)。至於《聖經》這本書，雪萊總是表現出獨特而強烈的興趣。他最喜歡《聖經》這本書的內容，是關於《約伯記》(*The Book of Job*)的。雪萊夫人在她所寫的關於《伊斯蘭的反叛》的筆記裡，就證實了雪萊對《聖經》所進行的研究。可以說，《聖經‧舊約》對雪萊的影響，在他的很多首詩歌裡都可以找到影子。在我上面引述的那首詩歌裡，利亞‧亨特就客觀地談論了雪萊與基督教之間的關係，指出了雪萊可以明確區分出波林對基督教信念的看法以及福音派精神之間的關係。「他在這些信件裡所沒有表現出來的信念，以及他對基督教精神所表現出來的強烈精神，都可以形成一種評論。對於那些忘

記了《聖經》裡面內容的人來說，這會產生一種敬畏心理。」
我們只需要閱讀雪萊所創作的〈論基督教〉（*On Christianity*）
這篇文章，就可以了解到他對耶穌基督所表現出的那種虔誠
崇拜，以及他對於耶穌基督的教導所了解的真實品格。雖
然雪萊的這篇文章非常簡短，但卻是雪萊現存關於某一種宗
教最為完整的紀錄。雪萊在這篇文章裡所表達出來的很多觀
點，都是非常適合去談論的。可以確定的是，隨著基督教已
經越過了混沌的中世紀階段，拋棄了很多過時的教條，雪萊
所描述的基督教，是比較符合當時基督教的真實面貌。我們
只需要在某些地方去根據當代思想進行一番調整，而根本不
需要將不同人的心智區分開來。若是我們說雪萊對基督教信
條有著比很多人更加深入的洞察力的話，這聽上去有點自相
矛盾。但是，正是雪萊透過站在擺脫了所有宗教事件的立場
去看待這些事情，才能讓他真正看到宗教層面上的純粹，讓
他能夠真正了解到這個宗教建立者的本意。對於那些從未放
棄這種宗教最本質東西的人，或是那些始終否認當地思想所
必然帶來的結果的人來說，雪萊的這篇文章無疑是具有重要
思想價值的。在這篇文章裡，雪萊站在歷史的角度對基督教
義發表了一篇激烈的演說，反對任何形式的宗教精神專制、
虛偽以及迷信等宗教系統。在他看來，存在著這樣的宗教體
系，會嚴重影響自由機構的發展，並束縛著人類智慧的發
展。與康帕內拉（Tommaso Campanella）一樣，雪萊懂得區分

出耶穌基督這位用鮮血來將福音與仁慈傳播出去的人，以及那些在耶穌復活之後第一時間想要將他釘死的基督徒。

　　雪萊始終踐行著自己的宗教信仰，這有很多方面的證據可以去證實。幫助那些急需幫助的人，幫助那些陷入困境的人，對他來說只是一項非常簡單的責任，他也懷著愉悅的心情去「發揮自己的仁慈之心，雖然這是他自由的仁慈之心，卻也並不是軟弱的。」他曾親自問詢那些向他請願的人所處的環境，前往醫院看望那些病人……雪萊還記錄下很多勤奮的窮人名單，他經常都會自掏腰包去給予他們一些經濟上的幫助。在馬洛生活期間，製造商所處的悲慘境遇，激發出了他的能量。雪萊夫人對我們說，雪萊患上了嚴重的眼炎，其中一次是他前往村莊裡拜訪時患上的。利亞・亨特就說過一個故事，雪萊發現一位女性因為生病躺在漢普斯蒂德的荒原上，然後就揹著這位女性挨家挨戶地敲門，希望能夠遇到一個像他一樣有著仁慈心的人。直到最後他將這位生病的女性背到了他的朋友亨特家那裡。亨特就像《聖經》裡提到關於老好人的段落一樣，顯得非常務實。雪萊也絕不是單純對這些所謂的窮人表達出他的慷慨之情。他的錢包始終都面向他的朋友們敞開。皮科克就曾每年從雪萊這裡得到一百英鎊的幫助。在某個場合，雪萊借給了利亞・亨特一千四百英鎊。他免除了古德溫的債務，據說這筆債務高達六千英鎊。在他所寫的《將改革放在選票上》的小冊子上，雪萊需要支付

一百英鎊用於去找尋相關出版的機構。我們已經知道，雪萊花費了五百英鎊幫助特雷馬多克的民眾訂閱相關報紙。這些關於雪萊為人慷慨大度的例子，還有很多很多。我們需要記住，此時雪萊每年的收入才只有一千英鎊，除去了用於養家餬口的兩百英鎊之外，我們可以知道，雪萊根本無法過上奢侈的生活，相反他經常因為實現某些目標而需要籌集資金，陷入了經濟困境。雪萊在一些小事情上表現出來的自我克制，是讓人印象深刻的。在沒有任何教導或是任何賣弄的情況下，這位蘇塞克斯郡最富有男爵的繼承人，透過自身行為表現出了他過著簡樸的生活以及慷慨大度的精神，這形成了他的政治與社會信念。

　　利亞・亨特無心所寫下的一個句子，讓我們可以對這個時候的馬洛村莊產生一定的印象。「我經常坐在一個擺放著雕像的書房裡進行創作。這尊雕像的大小跟真人差不多，分別是梵蒂岡阿波羅雕像與天國維納斯的雕像。」讀者可以想像一下，有著明亮眼睛與捲髮的雪萊，在這個低矮的房間裡，正在修改著《萊昂與西茜娜》詩集的文稿，而真人大小的維納斯與阿波羅的雕像，就像肖特所製作出來的粗簡版本雕像，會給雪萊帶來什麼影響。在這座房子裡，克萊爾蒙特與她的兄弟以及愛蘭歌娜，都以雪萊的客人身分居住在這裡。克萊拉・雪萊（Clara Everina Shelley）生於 1817 年 9 月 3 日。這年秋天，雪萊正在遭受著眼炎所帶來的折磨。他的健康正

處於糟糕的狀態，雪萊對此也感到恐懼。根據雪萊夫人的說法，雪萊將一隻禿鷹的雕像放在他第二次婚姻剩下的孩子身旁。以上種種的原因，都是促使雪萊在 1818 年春天產生離開英國，前往義大利的念頭。到達義大利之後，雪萊就再也沒有返回英國。對雪萊來說，他的人生只剩下四年的時間了 —— 不過，只要英文這種語言還在這個世界上具有生命力，那麼雪萊的詩歌所散發出來的音樂，就將會經久不息。

3 月 11 日，雪萊一家人與克萊爾蒙特以及她的孩子愛蘭歌娜一起離開了英國。他們在遊覽了科莫湖、比薩、巴格尼·盧卡、威尼斯與羅馬之後，前往米蘭，之後在這年的 12 月初，定居在那不勒斯。此時，雪萊給皮科克的信件是非常珍貴的，因為這記錄了雪萊在這個時期的生活狀態。整體而言，雪萊的這些信件算得上是英文語言裡最具描述性的散文句子裡。雪萊所寫的每一句話都沒有過度渲染的色彩，而是洋溢著對義大利美麗景色發自內心的讚美。雪萊在進行批判的時候顯得非常坦誠，而他的觀察又是非常細緻入微的。在這些信件裡，雪萊表現出了一種透明的真誠與無法造作的優雅，加上他天生有著出色的表達能力，讓這些信件變成了獨具一格的傑作，給人一種似曾相識的感覺。雪萊對藝術的敏感度，並不像他對自然的情感那樣接受過高度的訓練，這也可以從雪萊所寫的很多段落裡看出來：不過，在雪萊對一些圖畫或是雕像的評價中，我們很難找到他表達讚美情感的根

源。熟悉了解古代義大利的這些作品，顯然改變了雪萊一開始所表達出來的思想。在義大利這個國家生活的時間越長，就越發改變了他之前對義大利民眾的看法。與此同時，雪萊開始用一種謙卑與不帶偏見的態度去研究義大利的雕像與繪畫作品。當代很多前來義大利旅行的人都會認為，他們對一些著名評論家的判斷，都是源於雪萊對這些作品所表現出來的良好品味。如果我們有足夠長的篇幅可以引述雪萊這些信件的話，我想要選擇雪萊對龐貝城的描述（1819 年 1 月 26 日，或是雪萊對卡拉卡拉浴場的描述，時間是 1819 年 3 月 23 日）。我只能引述一段篇幅較短卻有帶有強烈雪萊特色的文字。這是雪萊在 1818 年 11 月 7 日在參觀費拉拉（Ferrara）時寫下的：

「阿里奧斯托的筆跡看上去比較小，卻非常剛勁有力，展現了他獨特的寫作方式。我應該這樣說， 這表現了阿里奧斯托有著一種強烈、敏感卻又受到局限的心智。塔索的字跡是比較大的，顯得非常自然流暢，只是他在寫字過程中顯得有所保留。這也讓我們可以比較一開始的義大利文字的大小。塔索的文字展現出他是一位有著超越那個時代的智慧的人，就像沉默的靜水在被人遺忘之後，後世人才發現其所具有的深度。你知道，我始終都在找尋著我認為能夠超越看得見摸得著的物體。因為我們在面貌方面並不一致，因此我們目前暫時不需要達成一致。但是，我的想法只是要表達個人的情

感，而不是想要影響別人的看法。」

　　8月中旬，雪萊將妻子留在了巴格尼·盧卡地區，獨自前往威尼斯拜訪拜倫爵士。在一個電閃雷鳴的午夜，他抵達了拜倫爵士的住所。《朱利安與馬達洛》(*Julian and Maddalo*)就是雪萊這次遠行結下的文學果實——羅塞蒂將雪萊的這首詩歌稱為，在我們的英文語言裡，用「詩性的手法去描述普通事物」的最完美標本。羅塞蒂的這一評價是中肯的。在這首詩歌裡，雪萊對梵蒂岡日落的描述，在一片輝煌的景色中加入了一絲傷感。雪萊對瘋人院呈現出來的陰鬱畫面，可以說是雪萊最生動的語言描述了。與此相比，雪萊去拜訪拜倫這件事本身，反而不是那麼重要的。下面引述雪萊對日落與聖拉扎羅島的描述：

> 「哦！
> 夕陽多麼美啊！天國的光芒，
> 如此地灑落在地球上。
> 義大利，你是流放者的天堂！
> 你的高山、大海、葡萄園與
> 四周環繞的塔樓！——這些都是我們的！
> 站在上面，俯瞰著一切：
> 當我們走下來的時候，伯爵的僕人，
> 已經等待著我們去乘坐貢多拉船。

那些中途停下來的人，

雖然下決心要展開這一次愉悅的朝聖之旅，

我們在傍晚時分停下腳步，

陽光灑滿了整座城市，

海水就在城市與海岸之間拍打著。

這一切都是通向天國的圖畫。

灰色空靈的阿爾卑斯山，在北面的霧氣中，

就像一座蔓延到天際的壁壘，

橫亙在東西兩邊。

半邊天空覆蓋著深翡翠般的顏色，

頂部是黑紫色的，在沿著西面的斜坡

發散出奇妙的光澤，

這要比金燦燦的黃金更要明亮，

而西下的陽光似乎這個過程中停頓了，

落在重巒疊翠的山腰處。

這是著名的尤根尼恩山脈，

從利多那邊的港口，

可以看到一簇簇尖頂的小島。

彷彿大地與海洋都融城了一片火湖。

聳立的高山，就像火光的波浪，

隨著陽光不斷蔓延，

發射出深紫色的精靈，

讓高山的尖頂變得透明可見。『在黃昏到來之前。』

我的同伴說，『我會讓你看到更美好的景象。』

於是，我們緩慢地經過了瀉湖，聽到了

送葬隊伍發出的哀嚎。

我靠過去，看到了整座城市，

這是一座由多個島嶼組成的城市，在夕陽的照射下，

那裡的宮殿與皇宮散發出的魅力，

堆積到了天國。

我正準備說話，『此時，我們才剛好最好的地方。』麥多
克說。

威尼斯划船的船伕也不再划船了。

『朱利安，看看西邊吧，認真聆聽吧。

否則，你無法聽到悠遠的鐘聲。』

我看著我們與太陽之間的景色。

一座小島上有一棟建築，這是有著悠久歷史的建築——
沒有窗戶，顯得殘破。

在敞開的塔樓頂部，懸掛著一個鐘，悠揚的鐘聲就是從
這裡傳出去的。

我們可以聽到那粗啞的鋼鐵聲。

西邊的太陽慢慢下沉了，鐘聲也響起了，

這是一種帶有黑暗色彩的精神緩解 ——

『我們所看到的，應該是一座精神病院及其附屬的塔樓。』

麥多克說。『即便在這個時候，

那些乘船聽到鐘聲的人，

都會去拜訪那些瘋子，

這些瘋子都被關在各自的監獄裡，』」

需要附帶說明的是，下面的這段文字在雪萊的《朱利安與馬達洛》裡面是經常引用的：

「最可悲的人類，

走進了錯誤的世界，

他們在痛苦中學習，然後學會了歌唱。」

拜倫將自己位於伊斯特的卡普奇尼別墅租借給了雪萊居住，雪萊一行人在這裡度過了秋天的幾週時間。正是在這裡居住的時候，雪萊開始構思創作《解放了的普羅米修斯》（*Prometheus Unbound*）。同時，雪萊也開始創作與尤根尼恩群山（Euganean Hills）相關的詩歌。在這裡居住的時候，克萊拉患上了疾病，她的父母認為有必要讓她馬上前往威尼斯進行治療。但是，他們忘記了各自的護照。但是，雪萊在克服困難時表現出了無限的耐心，最後他們得以來到威尼斯 —— 不過，他們到來的時候，那個孩子已經去世了。

雪萊的整個冬天都是在那不勒斯度過的。在這段時間裡，雪萊陷入了超乎常人所能忍受的壓抑狀態。雪萊夫人將雪萊陷入壓抑狀態，歸結為他的健康不佳這一原因。不過，梅德溫卻講述了一個不同的故事。倘若梅德溫說的這個故事不是完全帶有浪漫主義色彩的話，那麼這也許可以解釋雪萊感到壓抑的真正原因。梅德溫表示，早在 1816 年，就在雪萊離開倫敦的前一天晚上，「一位結了婚的女士，她是一位年輕美麗且有著高貴血統的女性，」過來找他，並向他表達了熱烈的愛意，向雪萊提出他們要一起遠走高飛。雪萊向這位女士表示，他的身心都已經徹底地獻給了另一位女性。在雙方都表達了他們內心最真實的情感之後，他們就分別了。不過，這位女士不斷地跟隨著雪萊從一個地方抵達另一個地方，同時沒有引起雪萊的注意。這位女士這樣做，也許是為了能夠從接近雪萊而獲得一些安慰。現在，這位女士已經來到了那不勒斯，而她最終也在那不勒斯去世了。雪萊的人生所編織的網絡是寬廣的，其中所涉及的人物命運超過了他所能控制的範圍。我們完全有理由相信，古德溫將芬妮·伊姆利的自殺歸結於她對雪萊無可救藥的愛意。而有關哈麗雅特的故事，我們在上文已經談到過了。因此，梅德溫所說的這個奇怪故事，也不是完全沒有可能的。特別是我們要記得，霍格就曾幽默地表示，雪萊在倫敦生活的時候，就吸引了很多女性關注的目光。不管怎麼說，雪萊在那不勒斯居住期間

所創作的那些充滿痛苦情感的詩句，是很難單純以他「此時身體正遭受著病痛的折磨」去解釋的。雪萊夫人就曾表示，因為雪萊一直以來都忍受著這樣的身體病痛。除此之外，雪萊夫人認為，雪萊有一些事情瞞著她。從雪萊夫人在另一個地方所說的話可以得知，雪萊「擔心自己可能會傷害到其他人的感情。」可能正是這樣的處境，才讓雪萊對自己產生了最深層的悲傷情感。

　　這個時候，雪萊的健康狀況不斷得到改善。肺結核帶來的健康威脅已經被解除了。雖然他仍然忍受著其他身體疾病所帶來的傷害。不過，造成雪萊這種病痛的原因，始終都沒有確認下來。在那不勒斯居住期間，雪萊正接受著肝臟相關的治療。之後，雪萊的疾病症狀被歸結為眼炎。可以肯定的是，雪萊在不同地方所喝的不同水，也會對他的病情產生影響。比方說，他就絕對不能去喝拉文那地區的水，因為這會加重他的病情。在佛羅倫斯的時候，出於相同的原因，雪萊同樣不能喝這裡的水，因此佛羅倫斯也不是一個適合他居住的地方。雪萊最後決定居住在比薩，也許是這裡的水源適合他的身體的原因。在這個時候，雪萊不時會出現身體痙攣的疾病，這也可以從很多此時與他相處的人，以及雪萊所寫的信件得到證實。之後，雪萊的這種疾病透過催眠的方法得到了緩解，這一方法是梅德溫提出的。但是，無法根除的疾病始終都在消耗著他的精神。甚至在人生的最後幾個月裡，我們可以發現，雪萊懇求特里洛尼為

他找來普魯士酸（Prussic acid）這種藥物，作為治療他身體疾病的最終有效藥物。需要指出的是，雪萊當時所處的心理狀態，大大加重了他的疾病。因為，雪萊曾對利亞·亨特表示，創作《欽契一家》這部作品期間，他就曾出現過驚厥的症狀。雖然雪萊所遭受的身體痛苦毫無疑問是存在的，但是著名的瓦卡醫生在對雪萊進行身體檢查之後，卻沒有發現雪萊的身體存在著任何機能層面上的疾病。特里洛尼將雪萊出現的痙攣症狀歸結為缺乏營養以及不規律的飲食習慣，最終造成了他的神經系統出現負荷過重的情況。特里洛尼的這一說法，也許是最接近於事實真相的。

　　雪萊夫人曾表示，從英國的生活環境轉移到義大利的生活環境，從各個方面對她的丈夫來說都是有益的。雪萊夫人傾向於認為，雪萊所處的壓抑狀態，包括他之前偶爾會陷入的這種狀態，歸結為雪萊那種孤獨的生活習慣。在雪萊所寫的很多封信件裡，就有不少的段落談到了他的壓抑憂鬱狀態與孤獨的生活習慣有關。顯然，當雪萊發現自己置身於特里洛尼、威廉姆斯、梅德溫或是吉斯伯恩（Gisborne）等有趣朋友的時候，他會感到非常快樂。因此，我們可以說，雪萊習慣性地陷入這種陰鬱的狀態，正是因為他養成的孤獨生活習慣。不過，與此相反的是，我們也可以聽到雪萊經常談論他興高采烈的時刻，包括他那「荷馬式笑聲」，他與孩子之間的嬉戲，他隨時願意與一些朋友進行某些消遣活動，願意參加一些有趣的對話。雪萊參

加這些活動，其實與他進行的孤獨沉思是差不多的。而在不同的季節，痛苦與苦澀的記憶卻會占據他的心頭。拜倫在這個問題上就有相當的發言權。拜倫在評價雪萊的時候表示，在他所遇到的三十歲以下的人當中，雪萊是最有趣的人了。雪萊經常與拜倫一起騎馬，或是練習射擊，一起坐下來聊天到深夜。拜倫非常喜歡雪萊所說的笑話，甚至在某個場合下表示，雪萊的笑話帶有一些黃色味道。在拜倫口中的雪萊，似乎與雪萊願意忍受迫害、懊悔與身體疾病的殉道者形象是不大相符的，這也激發了某些人朝著浪漫主義的方向去看待雪萊。雪萊討厭與普通人進行交流。陌生人的聲音，或是房子的發出的鐘聲，都會讓雪萊迅速感知到，這足以讓他要離開房子。雪萊最喜歡的一首詩歌，就是在他錯誤地認為他的妻子提到了阿奇奧拉這個名字 —— 這在圖斯卡納是很多貓頭鷹的名稱 —— 就是一位精神疲憊的旅行者。雪萊不願意與普通人進行思想交流，這也是他與雪萊夫人之間存在著的一些分歧，這也讓他在之後遠離了拜倫。在加內特先生最近發表的一封雪萊所寫的信件裡，雪萊寫道「我憎恨任何社交活動 —— 可以說不願意參加所有社交活動 —— 拜倫爵士是我最討厭去見的人。當我想起要與他見面的時候，就會產生不滿與疲倦的感覺。」在雪萊給特里洛尼的一封信裡，就談到了自己的妻子。雪萊寫道：「她無法忍受孤獨，而我則根本不在乎社交活動 —— 這可以說一對水火不相容的夫妻。」

1818 到 1819 年間，除了在威尼斯的拜倫以及在萊格霍恩的約翰·吉斯伯恩夫婦之外，雪萊沒有其他朋友。吉斯伯恩夫人一直都是瑪麗·沃斯通克拉夫特與古德溫的朋友。她是一個非常有教養的女性，看待事情沒有偏見，雖然缺乏雪萊那樣的熱情，卻能夠感覺到與雪萊成為朋友，是一種極大的榮幸。若是用一個比較古板的詞語去描述她的丈夫，就是一位學者與紳士。吉斯伯恩先生與妻子一樣，都有著開明的思想，與自己所結交的新朋友始終共進退。在羅馬與那不勒斯居住的時候，他們並不認識其他朋友。因此，雪萊的很多時間都用於研究與創作上。在前一年的夏天，雪萊就翻譯了《柏拉圖選集》，並準備創作一篇關於古希臘倫理方面的文章。遺憾的是，雪萊的這篇文章現在只剩下少部分內容了。雪萊與妻子瑪麗一道，閱讀了很多義大利文學作品。他對重要的義大利詩人的觀察，讓他對這些人的評價具有一定的參考價值。雖然雪萊非常欣賞阿里奧斯托的作品所展現出的輝煌與創造力，但他卻不贊同阿里奧斯托所表達出來的道德情感。塔索的作品給雪萊一種冷漠與矯揉造作的感覺，雖然他的作品裡有著「細膩的道德情感。」雪萊認為，薄伽丘（Giovanni Boccaccio）的作品在道德與情感方面都是非常優秀的。雪萊對那些散文詩人的評價則是非常具有代表性的。「我是多麼的崇拜薄伽丘！在他對大自然的描述中，彷彿讓人感覺到每一天都是全新的一天！他的作品讓讀者感受到了那些

沒有迷霧遮蔽雙眼的人生清晨，可以看清楚一切事物！在我看來，薄伽丘似乎擁有著對人類理想生活狀態的深層情感，當然這是從其社會關係的角度去看待的。薄伽丘對愛意提出的嚴肅理論，與我的想法是特別吻合的。薄伽丘經常會用輕描淡寫的方式去展現事情。他就像一位道德層面上的詭辯家，站在基督徒、斯多葛學派（Stoicism）以及世俗道德的對立面。你們是否還曾記得他所寫的一句格言，他的這句格言也許會對普通人對愛意的狹隘觀點帶來一些積極的幫助 ——「誰能夠測量愛意的深淺呢？這是一個無底洞。」但丁[19] 與佩脫拉克的作品則讓雪萊產生了長久的崇拜情感，雖然但丁在《煉獄》（*Purgatorio*）裡談到那種殘忍的基督教，在他看來是這位最偉大的義大利詩人留下了的一個無法抹去的汙點。至於佩脫拉克的那些「散發出溫柔且莊嚴的熱情，」雪萊則以一位對理想主義愛意的神祕有著深刻理解的人的角度，表達出了強烈的共鳴。

按照上面所引述的內容，我們可以得出一個結論，即雖然雪萊對詩歌創作的風格以及形式與韻律方面的美感有著深刻的研究，但真正要想在詩歌領域取得輝煌成就，需要的並不是單純的藝術創造力。雪萊是按照詩歌的內容以及散發出

---

[19]　但丁・阿利吉耶里（Dante Alighieri，1265-1321），全名杜蘭提・第・阿利吉耶羅・戴爾・阿利吉耶里，也就是著名的義大利中世紀詩人但丁。他是現代義大利語的奠基者，也是歐洲文藝復興時代的開拓人物，他的史詩《神曲》留名後世。

來的精神去對任何作品進行評價的。雪萊就曾直截了當地表達對任何說教類型的作品的反感。他始終認為,藝術必須要具有道德感,只有這樣才有實現真正偉大的可能性。他將忒奧克里托斯(Theocritus)與〈為詩歌辯護〉(*A Defence of Poetry*)裡那些早期的希臘詩人做出了明顯的區分。在 1818 年 8 月 20 日寫給妻子瑪麗的一封信裡,雪萊就對《兩個貴族親戚》(*The Two Noble Kinsmen*)這部作品進行了嚴苛的評論。他對阿里奧斯托的評價是「他是一個有著娛樂性與優雅氣質的人,有時甚至表現出詩人的氣質。」這表明了,雪萊在運用評判標準的時候,完全是根據作品本身是否是出於「為了藝術而藝術」的標準去發生改變的。

在義大利研究期間,雪萊仍然繼續研究古希臘的作品。他的手上經常拿著柏拉圖的作品,很多古希臘戲劇作家的作品,可以說成為了他最密不可分的朋友。他對荷馬式詩歌所表現出來的藝術情感,有著難以言喻的共鳴。這也許可以從雪萊下面的這段話看出來:「我要祝賀你征服了《伊里亞德》(*Iliad*)這本書。你肯定會驚訝地發現,過去你所看的七本書所散發出來的那種持續增強的美感。荷馬真正是一位用心創作的詩人。關於斯卡曼德(Scamander)的戰役、帕特羅克洛斯(Patroclus)的葬禮以及在描述充滿血腥的故事時表現出來的莊嚴與嚴肅,都與其中那無法彌補的悲傷連線起來。這些內容組合起來之後,形成了一部無與倫比的傑作。《奧德賽》

是一部充滿美好情感的作品，但根本無法與《伊里亞德》相比。」大約這個時候，在吉斯伯恩夫人的建議下，雪萊開始研究西班牙文學作品，並且對卡爾德隆（Pedro Calderón de la Barca）產生了發自內心的崇拜。在雪萊看來，卡爾德隆作品中所表現出來的輝煌與超自然的想像，與他的創作理念是相一致的。「我正沐浴在奧托斯所帶來的光芒與氣息當中。」雪萊在 1820 年秋天寫給吉斯伯恩夫人的一封信裡表示。《浮士德》（*Faust*）也是雪萊非常喜歡的一部作品。「我已經反覆閱讀這部作品了，閱讀過程中所激發出的情感，都是閱讀其他作品時無法比擬的。這部作品以陰鬱的手法將思想的爭論與產生的過程留在了每個讀者的心中，因此在我看來，這不適合任何會沉湎於過去記憶的人去閱讀。因為這部作品的想像性描寫製造出來的幻覺，是無邊無際的。」瑪格麗特所創作的故事也給雪萊留下了深刻的印象，這可以從雪萊在談到雷特斯切的作品的兩封信裡看到：「藝術家會讓世人羨慕他的幸福，這樣的話，他就能以冷靜的心態去描述這些事物。我只需要看一遍這樣的景象，這彷彿讓我的大腦在游泳，觸碰到了對岸的一片葉子。」

　　雪萊對古希臘、義大利、西班牙與德國等國文學的研究結出的成功，就是他翻譯了荷馬、歐里庇得斯（Euripides）、但丁、卡爾德隆等人的作品，以及《浮士德》這部作品的翻譯。在翻譯領域裡，可以說從未有人能夠像雪萊這樣，用另

一種語言將翻譯做得如此具有美感與傳神。不過，雪萊對翻譯這項工作並不怎麼看重，他只是在「沒有事情可做的時候」，才會選擇去翻譯。雪萊曾熱切地給利亞·亨特寫信，勸說他不要將時間投入到翻譯這項不是那麼重要的工作，而應該更好地利用時間。下面是雪萊對柏拉圖古希臘文作品的翻譯，這可以讓我們感受到雪萊翻譯的方法：

> 老鷹！為什麼你要飛過墳墓！
>
> 你想要飛到一個布滿星星的天國嗎？
>
> 我是柏拉圖來去無蹤的精神，
>
> 正在慢慢攀登天國的階梯：雅典人繼承了
>
> 柏拉圖在地底下的精神。

1820 到 1821 年間，雪萊創作了〈為詩歌辯護〉這篇文章，這是雪萊受到了他的朋友皮科克所寫的一篇關於詩歌的文章激發而創作的。這篇文章刊登在《文學雜錄》裡[20]。在這篇文章裡，雪萊不僅提出了他對藝術的理解，而且還展現出他傑出的散文寫作能力。下面引述的這段話，就在內容與風格方面都是非常典型的：

> 詩性才華的功能可以分為兩方面。其中一個方面，就是這可以讓人創造出知識、能量與愉悅的全新素材。另一個方面，就是讓人的心智產生一種根據某些韻律或是秩序去重複

---

[20]　可以參看雪萊在 1820 年 1 月 20 日寫給奧利爾的一封信。

或是排列句子的想法，從而形成美感的效果。對詩意的培養的最好時代，可以說就是在一種極度自私與工於算計的原則中產生的。而對外部生活素材的累積達到了一定數量之後，就會使之與人性的內在法則融合。而人類的軀體在吸收這方面能量時，表現得非常笨重。

詩意是某種充滿神性的東西。這會立即成為知識的中心與圓周。正是這樣的詩意，讓我們可以理解一切科學，而所有科學都必然與詩意存在著關聯。與此同時，詩意可以說是人類其他思想系統產生與發展的基礎。這就像萬物都在春天這個季節裡復甦一樣。如果詩意的思想枯萎了，就必然無法結出任何果實，讓一個貧瘠的世界無法產生任何具有營養與生命之樹的力量。這是所有事物完美與圓滿的表層。正是玫瑰的芳香與顏色構成了玫瑰本身，正如玫瑰本身的物質構造，都要源於解剖學或是自然腐敗的祕密。什麼才是美德、愛意、愛國之情與友情呢 —— 什麼才是我們所棲息的這個美麗世界的景色呢？ —— 什麼才是當我們站在墳墓前所感受到的安慰呢？ —— 如果詩意無法從永恆之領域給我們帶來光明與火焰的話，如果詩意無法像貓頭鷹的翅膀那樣展翅高飛的話，那麼我們又怎麼可能去找尋塵世之外的理想呢？詩意與根據意志能量所決定的推理過程是不停的。一個人不會說：「我將要創作詩歌。」就連最偉大的詩人都不會這樣說。因為產生了創作理念的心智本身，就像一個慢慢散熱的煤炭，在

經受著某種無形的影響，比如遇到一陣斷斷續續的風，會出現短暫的光亮。這種力量必須要源於內在，就像花朵的盛開與凋謝，都是隨著內在機體的變化而變化。因此，我們本性中存在意識的那一部分，無論在靠近或是離開等方面，都不具有任何預言能力。要是這種影響在其原始的純度與力量下可以持久，那麼我們就無法預計其取得結果的偉大性。但是，當一個人產生了要創作的念頭之後，那麼其靈感就已經處於衰退期了。世界上最偉大的詩歌，幾乎都是那些對創作本身沒有產生什麼意識的詩人創作出來的。我想要問一下當代最偉大的詩人，他們所認為最傑出的詩歌片段，是否都是在辛勞與研究之後創作出來的。很多評論家所推崇的辛勞與斟酌，其實都可以說成是詩人在某個靈感的時刻進行的一番仔細觀察而已，只是這些詩人以人為的方式將時空連線起來，然後以一種混淆了常規表達方式去寫。任何所謂的必要性，其實只能說明創作者本身在詩意方面的局限性。對彌爾頓來說，當他在創作《失樂園》(*Paradise Lost*)的部分內容之前，就已經將其全部內容都構想出來了。我們完全可以說，靈感之神是在預先沒有任何徵兆的情況下，突然降臨到他的頭上，讓他完成了這一傑作。讓那些宣稱《瘋狂的奧蘭多》(*Orlando Furioso*)這部作品可以有五十六種不同的方式去解讀的人，將這當成一個標準的回答吧。詩歌的創作，就好比繪畫時的留白。詩意功能的本能與直覺即便是在可變或是影像化的藝術方面，都是清晰可見的。一

尊傑出的雕像或是繪畫，可以說都是藝術家在母親子宮裡孕育時就已經存在的了。而真正引領他去這樣做的心智，卻很少被人們追溯到最原始的狀態，也絲毫沒有注意到這種原始狀態的發展與成長過程。

詩歌記錄著那些最快樂與最傑出的心智所處的最快樂與最美好的時刻。我們每個人都意識到，與某個地方或是人物連結起來的思想與情感是多麼的短暫易逝。有時，即便是我們本身的情感，也始終會在無法預測的時刻出現，然後在我們沒有注意到的時候就悄然離開了。因此，即便我們對於這些情感的逝去感到無比惋惜，但這帶給我們的也只有愉悅的情感。因為，這讓我們感受到了這樣的情感。這就好比我們透過自身的思想，分析了神性的本性。但是，這種情感的腳印就像跨越了大海的翅膀，會在沉靜的時刻慢慢抹去之前的所有印記，而其蹤影就好像沙灘上原本的腳印，被海水給抹平了。與這種情感狀態相對應的紀錄，主要是那些心靈最敏感與最具宏大想像力的人才能去做到的。對於美德、愛意、愛國之情乃至友情的熱情，本質上都是與這些情感連結起來的、在這些情感還持續的時候，自我就會呈現出其原本的狀態，還原了其宇宙塵埃的狀態。詩人不單純是體驗到這些細膩情感的一個感受體，而且還能將他們對短暫易逝的永恆世界的情感與之連結起來。一句話，某個特徵，一個場景或是一種激情，都

會在不經意間觸動他們內在的心弦，讓他們的這種情感激發出來。對那些曾經體驗過這些情感的人，過去那些沉睡、冷漠與隱藏的畫面都會重新浮現在眼前。因此，詩歌會讓世界上最美好與最純真的事物都留下來，使之具有永恆的生命力。詩歌能夠將那些纏繞著世人很多短暫易逝的情感與歡喜都固定下來，用語言或是不同風格的方式，將這樣的情感傳遞給全人類。這些詩歌就像詩人的姊妹們那樣，不斷傳遞出善意的喜悅情感。因為在精神的洞穴裡，任何缺乏生命力的表達都無法將宇宙的事物長久地定格在一起。詩歌將人類從衰敗的一面中拯救出來，讓人類重新感受到了神性。

在雪萊進行這些審美研究，以及創作出他人生中最偉大傑作時，雪萊對於自己的文學天才單純用於詩歌方面，顯然是不感到滿意的。「我認為詩歌，」雪萊在 1819 年 1 月 26 日寫給皮科克的一封信裡表示，「是需要屈從於道德與政治科學的。如果我的健康狀況允許的話，我肯定會想要從事後者方面的創作。因為我認為，一部偉大的作品，必然需要包羅人類歷史各個階段的偉大成就，同時為人類現有存在各種衝突的宗教信條實現和諧。但是，這樣的嘗試遠遠超出了我的能力，我也許應該要滿足於單純發揮想像力去自娛自樂。也許，其他人會將我所認為輕浮的東西，放在了天秤上，與亞特加爾這個巨人進行對比。」不管雪萊認為自己的天才更

加適合形而上學的思想或是科學政治，而不是單純從事詩歌
創作的想法是否正確，這都是一個需要去討論的問題。關於
這方面，我們現在只能找到一些零散的文字紀錄，因此很難
得出一個明確的觀點。這些零散的紀錄源自雪萊那部尚沒
有完成的《為詩歌的辯護》、尚未完成的《關於未來國家的看
法》、尚未完成的《關於基督教的看法》（*On Christianity*）、
尚未完成的《關於死亡懲罰的看法》（*On The Punishment of
Death*）以及《形而上學的思想》的零散內容。雪萊所寫的這
些作品，都無法像雪萊夫人在她的散文作品的前言裡那麼自
信地表明自己的觀點。「要是雪萊在年輕時期沒有放棄形而
上學的研究，轉而去進行詩歌的研究，要是他沒有過早地離
開我們，那麼他想要從事的龐大創作計劃，最終肯定也會將
他摧毀的。他肯定會想盡一切辦法將自己完整的理論闡述出
來。當然，他的這一理論也是在柏克萊（Berkeley）（愛爾蘭
主教及哲學家）、柯勒律治以及康德等人的哲學思想基礎之
上發展起來的。但是，雪萊想要表達出來的理論，肯定要比
上述這些思想家的思想系統來的更加簡單與更多漏洞。」雪
萊在道德與政治方面的思想表達得不是很充分，這反而證實
了雪萊夫人想要表達的觀點，即哲學著作的創作給人帶來巨
大的壓力，這不適合雪萊那敏感的神經質。根據雪萊夫人的
深入觀察，「思想會激發想像力，喚醒人的情感，讓他沉浸
在一種過分強烈的情感當中，而感到頭暈目眩。」這似乎表

明了，雪萊的本性首先是一名詩人，只是對哲學辯證思想有強烈的興趣，而不是一位只有著豐富想像力的形而上學家。雪萊夫人所說的另一段話則可以證明我們提出的這一觀點。「雪萊認為，心智與本性的哲學觀點，都是一種對詩意最強烈精神的感覺。」這表明，雪萊始終都站在詩人，而不是精神分析師的角度去看待問題。整體而言，我們也許可以認同雪萊夫人得出的結論，即雪萊在專注於詩歌創作的時候，其實就是在遵循個人真實的本能，然後沿著這個方向去培養個人的能力。倘若我們嘗試去教條化地分析這個問題，就是愚不可及的行為。在雪萊的文學天才世界裡，有一些是無法估量、無法衡量以及帶有魔鬼性質的東西。要是雪萊活得更長，並在健康允許的情況下，那麼他取得的成就，是任何人都無法去估量的。

　　1819 年春天，雪萊定居羅馬。在這裡，雪萊開始創作《解放了的普羅米修斯》。他經常在卡拉克拉地區巴斯的廢墟那裡進行創作，當時那裡的景色不像現在這樣遭到了破壞。雪萊在 3 月 23 日寫給皮科克的一封信裡，就曾描述了這裡彷彿一個天堂，有著美麗的花朵與茂密的灌木叢。不過，雪萊注定無法在羅馬這座城市居住很久。6 月 7 日，雪萊的兒子威廉在一場大病之後就夭折了。雪萊非常喜歡這個孩子，在孩子的病床旁邊，連續守候了六十個小時，期間沒有任何休息。此時，雪萊已經沒有孩子了，而他此時所感受到的悲

傷，則可以在他的很多詩歌作品裡得到展現，特別是在一首〈羅馬，羅馬，羅馬〉的詩歌裡。威廉被安葬在新教墓地裡。雪萊在上一年 12 月的時候，在給皮科克的一封信裡，就描述了這個地方。「英國人的安葬地一般都是在城牆附近的青草斜坡上，一般都會做成塞斯提烏斯（Cestius）那樣的角錐狀墳墓。我認為，這是我所見過最具美感與最莊嚴的墓地了。當我們第一次來到這裡的時候，陽光灑在青草地上，草地上還沾著秋天的露水。我們可以聽到樹叢的葉子迎風發出的沙沙聲。這些樹木彷彿是塞斯提烏斯的墳墓之上生長出來的。這裡的土壤在陽光下顯得躁動，這裡所埋葬的人，基本上都是女性與年輕人。如果某人去世了，這裡肯定會是他們想要長久安睡的地方。這個地方代表著人類的心智，因為埋在這裡的人所表達的願望，都會慢慢地被世人所遺忘。」

　　離開了這個充滿悲傷的地方之後，雪萊一行人在萊格霍恩地區的瓦爾索瓦諾別墅落腳了。在這裡，雪萊開始創作並完成了《欽契一家》這部作品。雪萊夫人曾認為，雪萊低估了他作為戲劇詩人的價值，這樣的看法是準確的。在《欽契一家》這部作品裡，雪萊對巴爾貝裡尼宮殿裡的碧翠絲（Beatrice）進行了深刻的刻劃，這個人物形象也曾深刻地影響著雪萊的思想。他認為，碧翠絲的這個故事是適合創作悲劇的主題。對英國文學讀者來說，雪萊的這部作品最近由貝爾託洛蒂先生出版，因此這其中充滿了浪漫與傳奇的色彩。在

這年夏天,雪萊經常會去看望吉斯伯恩一家人。吉斯伯恩夫人上一段婚姻所生的兒子亨利·里維利是一名工程師,雪萊構想出了一個計劃,希望能夠幫助他去建造一艘往返於萊格霍恩與馬賽之間的蒸汽船。雪萊願意提供設計與建造所需要的金錢,而最後所得到的回報則可以讓吉斯伯恩一家人所共享。雖然雪萊在這個專案上耗費了不少錢,但最後還是落空了。我們之所以談論這件事,是為了表明雪萊無論在公開還是私下場合,都是一個非常慷慨大度的人。這年秋天,雪萊一家人從萊格霍恩前往佛羅倫斯。11 月 12 日,現在的珀西·佛羅倫斯 雪萊(Percy Florence Shelley)爵士出生了。雪萊正是在佛羅倫斯這裡完成了《解放了的普羅米修斯》的最後一幕。雖然這是雪萊這部獨一無二戲劇作品的最精美的一幕,但似乎是雪萊深思熟慮之後的結果。在佛羅倫斯外面的郊區,雪萊還創作出了《西風頌》(*Ode to the West Wind*)。可以說,這是雪萊創作出來的最完美、最對稱且最具韻律的短詩了。平時,雪萊很多時間都待在畫廊裡,會記錄一些著名的古代雕像,並制定了要進行系統藝術研究的計畫。不過,佛羅倫斯這裡的氣候讓他感到難受。1820 年 1 月,雪萊一家人就前往比薩居住。

1819 年,就雪萊的文學創作而言,可以說是他人生中最重要的一個年分。除了《欽契一家》與《解放了的普羅米修斯》之外,雪萊在這一年還創作了幾首關於政治詩歌與諷刺詩

歌 ——《專制者的假面遊行》就談到了發生在彼得盧（Peter-loo）的大屠殺，這可以說是當時最重要的事件。雪萊還嘗試創作出一些簡短的流行詩歌，從而激發英國民眾的情感，讓他們的精神不要繼續沉淪下去。但是，雪萊缺乏那種讓詩歌變得剛勁有力的直接表達方式。而雪萊的《專制者的假面遊行》，可以說是雪萊在這方面風格的詩歌作品中，最為優秀的：

> 「大英子民，光榮的子嗣，
>
> 無聲故事的英雄，
>
> 偉大母親的嬰兒，
>
> 母親的希望，世人的希望！
>
> 像甦醒過來的獅子振奮吧！
>
> 用不能征服的決心，
>
> 像露水掙脫大地的束縛那樣，掙脫出枷鎖吧。
>
> 在沉睡中，這樣的使命就降落在你們身上。
>
> 你們人數眾多，而專制者寥寥無幾。」

《彼得・貝爾三世》（*Peter Bell the Third*）是雪萊在這一年創作出來的。《腳腫暴君》（*Swellfoot The Tyrant*）則是雪萊在這年秋天完成的。這兩部作品都表明了，雪萊對於在異國他鄉生活時，始終關注著英國的公眾事務。不過，在我看來，我無法同意那些用高度幽默態度去看待這些作品的評論家。相比於雪萊與同時代其他人的書信往來去看，他這些政治方

面的詩歌也許是更有價值的。比方說，雪萊在 1819 年 11 月
23 日寫給利亞・亨特的信件裡，以及他在 1822 年 4 月 10 日
寫給約翰・吉斯伯恩，以及加內特先生在《雪萊的遺跡》裡
發表的一封沒有標明時間的信件裡，都是可以看出這點的。
每個研究《改革法案》（Reform Act）尚未通過的英國政治歷史
的人，都會認為雪萊擔心可能會出現的災難想法，是無稽之
談。事實上，雪萊對英國所面臨的真正危險的洞察力，就與
他提出的一些溫和改良方法是一樣的。那些習慣性認為詩人
就是具有豐富想像力的情感熱烈者，在他們閱讀雪萊給他的
朋友所寫信件裡提到的警告要注意英國基金的內容時，肯定
都要揉揉眼睛，看看自己是否真的看錯了。在一封時間標明
為 1822 年 6 月 29 日，雪萊寫於萊里奇（Lerici）的另一封信，
就展現了他同樣務實的想法，表現了他在國家經濟問題上所
堅持符合邏輯的政治原則。

　　《解放了的普羅米修斯》與《欽契一家》都是雪萊在同一
年裡完成的，這肯定會被視為文學歷史上最偉大的奇蹟。這
不僅是因為這兩部作品本身所具有的偉大意義，更在於這兩
部作品本身有著本質的區別。眾所周知，埃斯庫羅斯曾在他
所創作的《解放了的普羅米修斯》作品裡寫了續集。在續集的
內容裡，普羅米修斯與壓迫者宙斯最終實現了和解，普羅米
修斯則最終成為了人類的捍衛者。至於這兩者之間是如何實
現和解的，我們是無從了解其中的原因，因為這部戲劇作品

沒有流傳到現在，而僅存的一些碎片化文字又過分簡短了，因此無法支持任何可行的假設。但是，雪萊在他的《解放了的普羅米修斯》版本裡，則斷然否定了任何妥協的概念。雪萊無法構想出泰坦（Titan）（太陽神）「從來沒有高談闊論過，也沒有忘記他在面對任何艱難困境時所表現出來的畏縮不前。」因此，雪萊在創作這部作品的時候，完全是從另外一個角度入手的。在他的這部戲劇作品裡，普羅米修斯是人類愛意、正義與自由的象徵，這與朱庇特這位專制的壓迫者，這位以自私的統治創造出所有邪惡的人物形象，形成了鮮明的對比。在雪萊的版本裡，普羅米修斯代表著人類的理想形象，代表著人類的精神。朱比特（Jupiter）則是一切阻礙自由力量發展的化身。因此，透過進行對比，就可以發現這兩位主要人物都代表著善意與邪惡、自由與專制、愛意與仇恨的根本對立面。這部作品豐富了雪萊在早年創作的《萊昂和西茜娜》作品裡已經提到的二元論。但是，雪萊並沒有在人類生活的層面上進行任何展示，相反，這種鬥爭是在抽象的領域下進行的，透過神祕詩歌的形式表現出來。普羅米修斯始終最強烈反對朱比特，忍受著身體與道德層面上的折磨。朱比特這位殘暴的專制者每時每刻都在折磨著他的身心，摧毀著他的鬥志。但是，普羅米修斯始終認為，朱比特會從天國的世界裡消失，而讓善意的精神最終取得勝利。那個時刻最終到來了。朱比特消失了，世界與人類所背負的枷鎖也突

然消失了。一個代表著和平、自由與無限創造力的時代開啟了。整個世界都在為實現這種解放而感到歡欣鼓舞。人類所散發出來的精神,不再是在痛苦中呻吟,而是與姊妹們歌唱著愛意的歌曲。普羅米修斯與他過去的愛人亞細亞(Asia)再次重聚了。亞細亞在第一幕裡就消失了,但在她遭受流放的時候,始終都在等待著這樣時刻的到來。這也代表著人類精神的一種聯合。亞細亞是地球與海洋最美麗的女兒。與阿芙羅狄蒂一樣,她從愛琴海附近的土地上誕生。在動盪的時期,她居住在遙遠的印度山洞裡。她是美感思想的化身,生命之光的陰影維繫著世界的運轉,並用愛意去點燃這個世界。她有著阿拉斯托爾那樣務實眼光,有著《智慧美感的頌歌》裡面可愛的形象,有著阿多尼斯(Adonis)那樣的輝煌思想。在她獲得勝利的時刻,她變得極為美麗,甚至連她的妹妹在沒有看到她之前,都能感受到她的影響力。雪萊所持信條的核心思想,就是整個宇宙都可以被一種精神所洞察、賦予活力以及變得真實。有時,雪萊會將這稱為自然的精神。但這又是一種超越了生命的精神,因為這讓生命擁有了真實性,最終讓人感受到愛意與美感。為了讚美這種精神,為了表達對這種精神的情感,乃至與這種精神進行融合,雪萊認為,這才是人類存在的真正目標。因此,普羅米修斯與亞細亞的最終重逢,也代表著人類命運的大圓滿。愛意是雪萊所唯一認可的法則。雪萊從來都不會畏懼被自然或是社會所顯

露出來的痛苦與罪惡的現實，他始終堅持自己的信念，即如果我們能夠洞察事物的核心，如果我們能夠成為真正的自我，那麼整個世界與人類都能夠在永恆的愛意中漸臻完美。至於雪萊到底是從哪裡獲得這樣堅定的決心，讓雪萊認為這種超過現實的和諧會在宇宙的結構中實現，我們無從得知。雪萊從未以系統的方式去闡述個人的哲學思想：他對愛意的全新科學的認知，仍然散發出充滿詩意的想像光芒 ── 沒有比「七聲哈利路亞與豎琴奏出的和諧曲」，更讓人感受到他抒情詩歌的最終勝利。

在《解放了的普羅米修斯》這部作品裡，雪萊進行了大量的藝術構思，在宏大的背景下勾勒出了主要的人物形象。在刻劃這些人物形象的時候，雪萊似乎有意將這些人物形象所見到普通人的形象進行刻劃。雪萊放棄了創造神人、放棄神話時代的靈感所帶來的方式，而是專注於亞細亞與普羅米修斯之間的愛情故事。換言之，雪萊在這種充滿著化身抽象理論創作過程中，並沒有堅持人類對這些人物在想像與原始性方面的形象。要是雪萊在細節上對這些人物形象進行描述，那麼這些人物形象就與普通人一樣，都是有血有肉的。因此，無論是亞細亞還是普羅米修斯的人物形象，都帶有一定的模糊與空洞色彩。但在詩歌的副歌部分，在創作神話故事的真正方式裡 ── 找尋表達思想的具體方式，以及以個性的方式去表達情感 ── 這些都充分展現出了雪萊的個人才華與

純真的心靈。當我們閱讀俄亥俄諾神（Oceanus）（海洋之神）以及《地球與月亮》這些神話故事時，都會感受到心靈被故事情節所打動。

可以說，對《解放了的普羅米修斯》發自內心的喜愛，可以被視為一個人對抒情詩歌是否具有欣賞能力的試金石。我們所生活的世界，是一個到處都充滿運動的世界，也是充滿著精神發出聲音的時代。這些精神所歌唱的內容，就是在過濾了一切渣滓之後的旋律，這要勝過其他詩人在聆聽自己心靈的歌聲，或是比聆聽世界的旋律來的更加有價值。在《解放了的普羅米修斯》裡，就有不少的頌歌。這些頌歌似乎都實現了創造詞語的奇蹟，因為這些詞語的意義都脫離了原先的意義，內容則描述了一種具有永恆意義的全新音樂。雖然這些頌歌都表達了一種和諧的情感，但卻對那些能夠理解的人來說，也不會缺乏任何一種明確的意義。雪萊鄙視那些「小題大做，喜歡無病呻吟」的審美觀念。如果一位心智尚未開化的評論家詢問「生命的生命！你的嘴唇綻放了。」是什麼意思，或是詢問這些句子到底是寫給誰的話，那麼誰也無法給予他任何幫助，因為這就好比我們去幫助一位聾人想要去聆聽蝙蝠所發出的聲音一樣。在亞細亞被尊奉為神的時刻，空氣中傳來了歌頌她的頌歌：

「生命的生命！你的嘴唇綻放了，

他們的氣息瀰漫著愛意，

在他們退縮時，你的微笑，

讓冰冷的空氣燃燒，

他們的面容，

露出了迷惘，不知所措的表情。

光明的孩子！透過掩蓋你身軀的長袍，

你的四肢正在燃燒。

正如清晨那散發熱量的陽光，

在被分化之前，穿越了雲層。

營造了最神性的氣氛，

將一切最光明的地方都籠罩起來。

別人是那麼美麗，沒有人關注你。

但是，你的聲音是那麼低沉溫柔，

與最美麗的人一樣，因為所有人都慢慢看到你，

你那如流水般的光澤，每個人都感受得到。

他們再也沒有見到你，

正如我現在所想的，永遠失去了你。

地球的燈盞！無論你到什地方，

昏暗的角落將會被明亮所替代。

你最愛之人的靈魂

將會乘著風輕盈地前進。

直到他們停歇，正如我現在停下了腳步，

感到頭暈目眩，卻又不會感傷！」

有人說，雪萊作為一名風景刻劃者，是一位堅定的特納風格創作者。在《解放了的普羅米修斯》這部作品裡，我們可以找到很多支持這種觀點的事實。雪萊所描述的畫面的顏色是那麼的光明與空靈，甚至將黑暗的陰影都刪略掉了。雪萊想要表達的這種過度的光明，似乎在他看待事物的時候，始終都保持的一種觀點。在很多沐浴在光明之下的鮮豔顏色的物體上，對這些物體輪廓的描述就肯定不會那麼模糊。不過，雪萊穿透了這些事物的表象，看到這些事物所具有的精神本質。對他來說，真實的世界都是源於內在的，並超越了內在本身。「我想，」他曾自言自語地說，「在所看到的事物裡找尋，找到一種超越所見具體事物之外的精神意義。」正如雪萊對普羅米修斯的精神聲音進行的描述一樣，雪萊也認為，常青藤上飛舞的蜜蜂是很少會被人留意的，但這些畫面卻深深地刻在他的腦海裡。

形式要比具有生命力的人類更加真實，因為這滋養著永恆。

但是，誰能比透過描繪一幅圖畫，從而將蜜蜂、湖泊、陽光、綻放的鮮花更加完美地呈現在我們眼前呢？還有什麼比在《解放了的普羅米修斯》第三幕裡描繪的一對翡翠鳥的畫面，更能展現出雪萊對精妙色彩的刻劃呢？也許，只有畫

家布萊克（Blake）才能將這部戲劇作品裡描繪的畫面進行繪製。不過，布萊克可能無法將精神的歌唱所帶來的陰影，或是將那些追尋的聲音以及動人的歌聲，或是幽靈的冥府之神以及駕駛二輪戰車前進的時刻描繪出來。除此之外，普羅米修斯「四肢懸浮」的畫面，布萊克可能也很難不犯下擬物的錯誤 —— 在布萊克描繪亞當的形象時，就採用了擬物的手法。

我們接著將目光轉向《欽契一家》這部作品上。我們會立即發現，這是一部充滿著完全不同道德與藝術風格的作品。除了偶爾表現出來的強烈輓歌氣息之外，雪萊在整部作品裡，幾乎沒有展現出任何抒情方面的元素。景象與畫面的描述幾乎都被嚴格地排除在作品之外。雪萊沒有讓讀者在閱讀時產生任何空靈的感覺，而是雙腳始終都牢牢地扎根在地面上。為了能夠讓讀者感受到未來可能呈現出來的一幅完美景象，我們就會陷入一種強烈的激情當中 —— 所有的痛苦、忍耐以及那些半瘋狂的行為，這些都是那些充滿厄運的純真之人會遇到的。在這部作品裡，要想將碧翠絲・欽契的故事講述出來，這幾乎不是一件必要的事情。碧翠絲的父親是一個充滿缺點與殘忍的惡魔，透過對她的囚禁、折磨與犯下的無法言喻的獸性，摧毀了她的精神。最後，碧翠絲失去了耐心，無法找到任何實現人類正義的方法，無法從其他人那裡找到任何支持自己的人，於是她就親手將父親殺死。為此，她最後死在絞刑臺上，一起被送上絞刑臺上的人，還有她的繼母以及她的兄弟們，他們都

是幫助她殺死父親的人。《欽契一家》所具有的藝術感染力是巨大的，始終圍繞著碧翠絲與她的父親這兩個人物。與戲劇裡這兩個人物的其他人產生關聯的人物形象，或多或少都不是那麼真實。也許，雪萊是故意想要營造這樣一種感受——這可以將核心人物的形象更好地突顯出來。但在我看來，雪萊對奧爾西諾（Orsino）的刻劃，還是存在一定的缺陷，而不是深思熟慮之後的故意為之。奧爾西諾這個人物的形象應該是乖張、充滿著陰謀詭計的馬基維利（Machiavelli）式的卑鄙人物，他有著工於算計的邪惡想法，這與老一代的弗朗西斯科・欽契（Francesco Cenci）表現出來的瘋狂魔鬼般的形象還是形成了一定的對比。但是，雪萊對他的這種形象刻劃的概念，始終都是存在著某種動搖的。他對碧翠絲的愛意是非常細膩的，而他忍受著與自身本性截然不同的良知上的折磨。另一方面，賈科莫（Giacomo）表現出了舉棋不定、猶豫不決以及天生的女性氣質。而盧克雷齊姬（Lucretia）所表現出來的堅定意志，則為碧翠絲帶來諸多的幫助。碧翠絲本人的純真，也讓她在極為恐怖的場景下默默地忍受著痛苦——這是有著高尚本性的純真之人在遭遇超過了一般女性所能忍受的痛苦之後所表現出來的行為——這與伯爾納多（Bernardo）表現出來的單純幼稚的行為形成鮮明對比。碧翠絲在第五幕裡，充分展現出了個人的形象，不斷地釋放著個人所具有的危險，最後讓她所散發出來的氣息都瀰漫著死亡的陰影。碧翠絲對實現自身正義的強烈自

信，對追求自我肯定的純真的理念，讓她不顧一切地選擇對抗
那些曾經虐待過她的人。碧翠絲對於那位軟弱的盧克雷齊婭表
現出來的想念，此時也被用來充分展現女性所具有的細膩而強
大情感的一種有力證明。碧翠絲一次又一次地屈從於普通的哀
婉情感。但是，當她應該在另一個世界與父親相見的念頭出現
在她腦海的時候，她的父親就只有死路一條了。

　　雪萊將《欽契一家》這部作品獻給利亞·亨特，表示他在
創作這部悲劇作品時，想要將早年創作時的那種主觀主義放
在一邊，創造出某種更加流行且具體的作品，在風格上更加
有力且能夠牢牢圍繞現實生活的作品。雪萊非常希望這部作
品能夠在戲院裡上演，為此他曾給皮科克寫信，希望他能夠
將這部作品推薦到科芬園那裡。雪萊認為，奧尼爾女士完全
可以飾演好碧翠絲這個角色。不過，戲院經理卻並不這樣認
為，表示這樣的戲劇作品，根本不是奧尼爾這樣的女士所能
去飾演的。雪萊所提出的自我批判始終是非常具有價值的，
因此我們有必要節選一下雪萊對自己在 1819 年所創作的這兩
部作品的看法。關於《欽契一家》這部作品，雪萊在寫給皮科
克的一封信裡表示：「在創作這部作品的時候，我沒有融入個
人的某些特殊情感與觀點，這是與我在創作其他作品時完全
不同的。我只是想要以客觀的方式去描述這些人物形象的發
展過程，從而讓讀者能夠感受到這些都是現實中真實的人物
形象，同時盡可能讓這些人物的發展能夠吸引更多人關注的

目光。」「《欽契一家》這部作品是為大眾創作的，因此這部作品的銷量理應是不錯的。」「我認為，這是一部完全適合在戲劇舞臺上進行表演的作品。」「《欽契一家》是一部藝術作品，這部作品並沒有受到我個人情感的影響，也沒有因為我所研究的形而上學而摻入了半點雜質。我一直認為，這是我一部最為客觀的作品。在創作相同篇幅的作品時，這部作品的創作過程，沒有給我帶來任何情感上的困擾。」雪萊在寫給奧利耶的一封信裡則表示，他在創作《解放了的普羅米修斯》這部作品時，「這是我最喜歡的一首長詩。因此，我希望你能夠特別認真地去閱讀，並用墨水與優質的紙張去進行一番評論。」奧利耶也的確這樣做了。之後，雪萊還曾對《解放了的普羅米修斯》這部作品進行評論：「關於這部作品，我不認為它的銷量會非常好。《解放了的普羅米修斯》這部作品，根本不是為了超過五人或是六人去創作的。在我看來，這是一部適合有著非常高尚品格的人去閱讀的作品。也許這是我之前從未嘗試過要去創作的作品。這是一部充滿原創精神的作品，耗費了我大量的心智力量。」雪萊認為《欽契一家》這部作品會更加受到大眾歡迎的判斷是準確的。這也可以從《欽契一家》在雪萊還活著的時候，就已經出版了兩版這一事實去證明。而雪萊認為《解放了的普羅米修斯》這部作品適合於那些具有高尚品格的人去閱讀的這一評價，幾乎也是沒有任何爭議的。雪萊的這部作品，可以說是文學歷史上一部獨

一無二的作品，充分展現出了雪萊在文學創作巔峰時期所表現出來的文學才華。因此，世人更願意欣賞《欽契一家》而不是《解放了的普羅米修斯》，《欽契一家》也是繼莎士比亞之後，英國作家創作出最偉大的悲劇作品。出於很多喜歡戲劇詩歌的人所給出的理由，我在談論這兩部作品的時候，並沒有詳細地展開來說。那些想要親自感受雪萊這位文學天才所具有的魅力的人，必然要投入一些時間去認真閱讀與研究雪萊的這些作品。

《解放了的普羅米修斯》這部作品，與雪萊絕大多數的作品一樣，在當時都無法透過出版社出版。但是，雪萊所創作出來的這些作品，卻給當時的一些筆者提供了開玩笑的素材，在好幾份報紙上都不斷流傳。這些筆者表示，雪萊的這些詩歌作品的名稱都起得非常好，但誰願意去對此進行裝訂呢？關於那些值得一聽的批判，在他的有生之年裡都沒有聽到過。在他生前，很多人所做出的愚蠢且充滿惡毒的評論，有時也會給他帶來精神上的痛苦。但在絕大多數的時候，雪萊對這樣的調侃或是諷刺都是一笑置之，覺得根本沒有必要提及。對於雪萊來說，那些筆者所想出的任何笑話，都是垃圾而已。雪萊從這些人身上所得到的真正教訓，也許就是他始終都在自己的作品中展現出個人的真誠，而這也是他所處的那個時代的民眾所無法欣賞他個人天才的一個重要原因——世人對莫爾（More）所進行的嘲笑，對坎貝

爾（Campbell）所表現出來的愚蠢，對華茲華斯所表現出來的
無知，對騷塞所表現出來的假正經，或是對濟慈所表現出來
的屈尊－—相比於雪萊而言，都是可以忽略不計的，而雪
萊在生前所遭受到的諷刺與嘲笑，這足以證明了他的作品的
偉大。那些對研究雪萊對待他的那些評論家的態度感興趣的
人，需要閱讀雪萊在 1819 年 10 月 15 日在佛羅倫斯寫給奧利
耶的一封信，這是雪萊閱讀了在《季刊》上一篇惡意攻擊他的
文章之後所寫的。我們可以將雪萊的這封信，與他寫給《季
刊》雜誌的編輯的一封長信以及他在〈阿童尼〉（Adonais）這
首詩歌的前言裡所寫的內容，進行一番比較。我們可以清楚
地發現，雖然雪萊以極大的耐心忍受著這種惡意的攻擊，但
他也隨時準備好了要對此進行反擊。1821 年 6 月 11 日，雪
萊在給奧利耶的一封信裡表示：「到目前為止，我都要哈哈大
笑。但是，倘若那些混帳讓我再次生氣的話，這就是他們的
悲哀了。」發表在《季刊》上的〈阿童尼〉這首詩歌，就暗示
著雪萊對艾爾登的反駁。這表明了雪萊完全有能力去應對任
何對他的惡意攻擊。與此同時，那些批判他的人也達到了他
們想要的目的。正如特里洛尼所強調的，雪萊在比薩生活期
間，遭到了拜倫很多朋友的漠視，被這些生活在義大利的英
國人視為一頭怪獸。在這樣的情況下，雪萊曾表示，當他在
郵局的時候，竟然還被一些壯漢所擊倒。在他了解這些襲擊
者的名字與地址之前，就逃跑了。不過，關於雪萊所說的這

件事，因為缺乏具體的細節，我們也很難對此進行考核。

第六章

定居比薩

1820 年 1 月 26 日，雪萊一家人定居在比薩。從這天到
1822 年 7 月 7 日，雪萊的人生可以劃分為時間長度不一的兩
個階段。第一個階段就是他在比薩、聖朱利亞諾巴斯地區以
及在萊格霍恩所居住的時間，第二個階段則是在萊里奇與斯
佩齊亞地區。在沒有談到雪萊在某一天或是記錄住所的不同
地點之前，我們完全有可能追溯雪萊在哪個地方生活的時間
更長一些。雪萊在比薩所居住的房子，位於亞諾南邊地區。
在這裡定居幾個月之後，他成為了拜倫爵士的鄰居。此時的
拜倫爵士正在與朗弗朗奇成為朋友。當時，很多來自英國與
義大利的朋友都圍繞在他們身旁。在這些人當中，首先要提
到的人就有梅德溫船長，他對雪萊居住在比薩期間的生活場
景的紀錄，有著巨大的價值。接著需要提到的人就是特里洛
尼船長，他也留下了雪萊人生最後時期的相關紀錄，這些紀
錄也只有霍格對當年牛津時期的雪萊的紀錄可以相比，不過
特里洛尼的紀錄則更精確一些。在這個私人圈子裡，相對不
是那麼重要的人物就是愛德華·埃勒克·威廉夫婦。雪萊與
這一對夫婦保持著非常親密的關係。在那些義大利人當中，
就有醫生瓦卡，即興作曲家賽格里奇，以及《深院偷情》的作
者羅西尼值得記錄。從上面的這段紀錄裡，我們可以看出，
此時的雪萊不再過著孤獨的生活。這個時候，也就是雪萊突
然遭受意外事件死亡的前夕，雪萊開始享受與其他人交流所
帶來的樂趣。在他面前，生活的圈子似乎不斷得到拓展：他

在這個時期所寫的信件，表明他正集中精力，準備一次全新的旅行。在接下來的幾個月裡，他一如既往地創作出很多詩歌傑作，而他的未來也充滿著光明的前景。

1820 年夏天與秋天的時候，雪萊創作出了最能展現他文學才華的詩歌：《給瑪利亞·吉斯伯恩的信件》(*Letter to Maria Gisborne*)，可能會被讀者認為是《朱利安與馬達洛》這部作品的一個附帶作品，因為這首詩歌描述了很多熟悉的事情。而《雲雀頌》(*To a Skylark*) 則是雪萊所創作的詩歌當中，最受歡迎的一首抒情詩歌，也為英國詩歌文學創造出了一種全新的體裁。這年冬天，雪萊創作了《含羞草》(*The Sensitive Plant*)。據說，激發他創作這首詩歌的緣由，是因為雪萊夫人的客廳裡擺放著含羞草，而當這些含羞草面向著義大利的陽光時，就會散發出一陣香氣。當我們認真思考雪萊所創作的詩歌數量以及這些詩歌所具有的不同性質，就會發現這些詩歌都存在著散文的句式與最富激情與空靈的句子，這是讓我們感到相當震驚的。雪萊的詩歌就像七絃豎琴，總能觸動低音弦，然後發出久久迴盪的聲音。雪萊的詩歌在韻律方面，存在的差別是極為細膩敏感的，一般讀者在閱讀的時候，有時也是很難感受到的。在《給瑪利亞·吉斯伯恩的信件》裡的這一段，雖然不能算作詩歌，但這讓我們了解到他的英國朋友圈子。

現在，你置身於倫敦，過去那浩瀚的海洋，

潮起潮落發出的聲音，曾讓你震耳欲聾。

你想像著在海岸邊，目睹著船難的景象，

這讓你感到嘔吐。

但是，大海是那麼的廣闊與深邃，

珍藏著那麼多寶藏！

你將會看到古德溫這個人 —— 他是一個偉大之人

在一個充滿邪惡的時代，他仍然代表著

我們這個時代與這片土地的精神。

在面對著可怕的裁決面前，

那些懦弱之人肯定會臉色蒼白，渾身發抖，

但是，他沒有，仍表現的無所畏懼。

你將會看到柯勒律治 —— 他在一個陰暗的角落裡坐著，

感受著思想靈魂散發出來的光芒，

他所發出的思想光芒，足以讓所有人都感到目眩。

在黑暗與絕望的時候，他仍然用疲憊的雙手揮舞著旗幟。

大氣的雲層上劃過了一道流星，

在眨著眼的貓頭鷹中間，藏著一個戴著頭巾的老鷹。

你將會看到亨特這個人，他是這個世界上有著快樂靈魂的人，

他是這個世界的傑出人物，要是沒有他的存在，

整個世界就會變成一個像墳墓一樣的地方。

至少對我來說是這樣的。顯然，他的房間仍然擺設著

肖特當年所塑造出來的模型，旁邊擺放著美麗的花朵。

冠狀的花環旁邊懸掛著緞帶，

一個更加美麗的花冠就在不遠處揮舞著。

在數十名女性朋友、姊妹與表妹當中，

他是最受崇拜的人。

他為人機智，知道如何說出有趣的笑話，

讓最笨的人也會忍不住露出微笑。

轟鳴的雷響就像討債之人在敲著詩人的大門！

嗚呼！說出「我沒有錢」這樣的話，是毫無意義的。

哪怕你是用可憐的表情這樣說的，也沒有任何用處。

除了在莎士比亞那些最能展現智慧的作品裡，

否則你再也無法看到這樣有趣的表情了。

你將會看到霍格，我無法用言語表達出

他所具有的美德。雖然我知道他有著偉大的美德。

因為他不習慣將內心的說法表達出來。

當你接近他的時候，他的智慧與幽默會讓你佩服。

他就像牡蠣裡面的珍珠，

閃耀著最耀眼的光芒。

那位是來自英國的皮科克，他有著高山一樣的性情，

有時也會變成害羞的火烈鳥，

在印度的天空中飛翔。

難道你沒有聽說過，當一個人結婚、去世或是成為印度人的時候，

他最好的朋友將再也不會聽到他的消息了。

但是，你將會見到皮科克，也將會喜歡上他這個人。

我希望，他能夠像雪白的斯諾登尼亞羚羊，

與他的長頸鹿一起前進。

他幽默的智慧能撫慰人的傷口。

在這個膚淺的年代，他承受著智者所帶來的壓力。

他是一個太有智慧的人，因此不會成為一位自私的頑固者。

讓他的作品給這個時代帶來魅力的精神吧。

然後在更加安靜的環境下，慢慢地展開。

最後在恰當的期望中，實現其應有的價值。

智慧與感覺，美德與人類的智慧，

這都會讓沉悶的世界變成一個有趣的地方。

這些都在賀拉斯‧史密斯身上集合起來了。

除了某些例外，我不需要跟你們談論你們與我在倫敦知道的其他事情，

從而消磨你們的耐心。

梅德溫在表弟的邀請下，在 1820 年深秋時節與雪萊一家人待在一起，因此他記錄了很多雪萊居住在比薩期間的有趣生活細節，這與很多關於雪萊的對話紀錄也是一樣具有價值的。「此時，距離我們上次分別已經過去了將近七年了，但我在人群當中，還是立即認出了他。這個時候，他的身體顯得有點瘦弱，走路的時候有點駝背。因為他近視不得不要彎著腰去看書，讓他養成了這樣的習慣。他的頭髮依然非常濃密，呈現出自然捲的狀態，頭髮中夾雜著一些白髮。但整體而言，雪萊看上去還是非常年輕的。雪萊的臉龐散發出年輕與純真。」來到比薩之後，梅德溫就患上了一場嚴重的病病。「雪萊就像一位親兄弟那樣照顧我。他照顧我日常生活的起居，為我買來藥品。在長達六週的時間裡，我都只能躺在床上，但雪萊卻始終勤勉地照顧著我。」這個時候，雪萊所表現出來的孤獨與憂鬱情感，讓他的表弟留下了難以忘懷的印象。雖然在這個時候，雪萊已經創作出了很多不朽的傑出詩歌作品，但他對自己的詩歌創作似乎並沒有表現出太大的興趣。「我對於寫作充滿著反感的情緒，」雪萊曾這樣說，「要不是因為內心那種無法抑制的衝動，強烈地占據著我的理智，我肯定不會進行這樣的寫作。」之後，雪萊遭受了來自《季刊評論》的殘酷對待，很多人誹謗中傷他，一些朋友對他表現出冷漠的態度，這些事情都嚴重影響到了他的創作熱情。關於這方面的事情，我們可以在雪萊所寫的書信

裡找到大量的證據。在 1822 年 1 月 25 日寫給利亞‧亨特的
一封信裡，雪萊寫道：「我感覺自己的創作功能處於像原子
那樣的混沌狀態。我無法進行任何形式的寫作。如果〈阿童
尼〉沒有取得成功，無法激起讀者的任何興趣，那麼我根本
沒有了繼續進行創作的任何動力。」雪萊還寫到：「現在，
我已經沒有進行什麼寫作了。當你認為沒有什麼人認可你所
創作出來的東西，那麼你根本沒有任何想要繼續進行創作
的動力。」拜倫爵士成為雪萊的鄰居，這不僅沒有促進雪萊
的創作，反而對他的創作是一種抑制。雪萊寫道：「我現在
沒有寫作。這麼久以來，我都住在靠近拜倫爵士的地方，他
就像猛烈的陽光，掐滅了蠟燭。因為，我絕對不能像聖約翰
那樣期望，當光明降臨到這個世界的時候，世人卻對此一無
所知。」「我為與拜倫爵士進行比較而感到絕望。我要說，
我們之間根本就沒有任何的可比性。」在 1820 年寫給奧利
耶的一封信裡，雪萊表示：「我對於自己接下來是否要繼續
創作持保留意見。要是我最終進入了詩歌的地獄或是天堂的
話，我都應該對此感到滿足。但是，塵世的煉獄所帶來的折
磨讓我感到苦惱，但這種苦惱的情感也沒有激發出要結束這
種苦惱的足夠能量。」事實上，雪萊絕對不是因為《季刊評
論》上的惡意攻擊而感到沮喪，或是他錯誤地認為讀者不喜
歡他的作品。事實上，雪萊深刻地意識到，拜倫是為多數人
去進行創作的，而他的詩歌則是為少數一些能夠理解他的人

創作的。但是，這種高處不勝寒的感覺，卻沒有為他帶來任何前進的動力。友善的賀拉斯·史密斯所寫的那些冷漠的評論文章，表明他並沒有真正地理解《解放了的普羅米修斯》這部作品的真正內涵。雪萊有時也會心血來潮地抱怨說，甚至連那些具有智慧與憐憫心的評論家，也會將《靈魂之靈魂》裡面展現出來的理想主義激情，與一個普通女孩和她的甜心之間的愛情進行對比。很多愚蠢的讀者無法理解他的本意，加上一些庸俗的評論家對他進行的惡意攻擊，足以讓像雪萊這樣真誠的人，懷疑自身的能力，或是不願意繼續發揮個人的才華。「關於我是否是當代的一名詩人，或者不是這樣的詩人，我擔心對我進行評判的人，會做出死刑這樣嚴厲的判決。」不過，在雪萊的內心深處，他對自我沒有多少懷疑。「我知道，」雪萊對梅德溫說，「無論是在散文創作還是詩歌創作，我的作品裡始終都存在著某些具有生命力的東西。」雪萊在寫給亨特的一封信裡也表示，「我是一個有思想與計劃的人，如果這個孱弱的身體允許的話，我將會遵循個人的精神去做一些事情。我認為，我應該去做一些偉大的事情。」可以說，在雪萊生活於義大利的這段時間裡，他所創作的很多作品都是不完整的，其中就包括他放棄了塔索悲劇故事的作品，以及《查爾斯一世》這部作品也沒有完成。同時，雪萊也沒有完成根據《約伯記》所激發出要創作戲劇的想法。之所以會出現這樣的情況，都是因為雪萊的健康不

佳，以及遭受到了來自外界各種沮喪事情的打擊。對雪萊而言，詩歌創作並不是一件輕鬆的事情。他是在精神處於緊張興奮的狀態下去進行創作的。在創作出初稿之後，他會用極為謹慎小心與自我批判的態度去進行審閱。

不過，我所說的這段話，絕不能表明雪萊是按照維吉爾（Vergil）創作的風格，透過冷靜的沉思去對自己的作品進行打磨或是刪減，也不能表明雪萊是按照賀拉斯那樣，要等到作品創作好九年之後才選擇出版。事實上，雪萊的做法與上述這兩人的做法是截然相反的。透過研究雪萊創作手稿時的狀態，以及我們今天所讀到他的作品，就會發現，其實都並非他在即興創作時的作品。一些詩歌的部分段落，其實已經在他的《為詩歌辯護》一文裡得到了引用，這表明了他對詩人應該追求藝術的職責有著很崇高的理想。因此，我們可以自信地表示，雪萊的整個文學生涯，其實就是他日後長時間與早年形成的不連貫思維之間的鬥爭，從而讓他的表達更加清晰，以更好的形式去表達出他對風格的掌控。與此同時，在一種接近於靈感的情感衝動下，雪萊的審美原則始終都是非常牢固的。要是為了獲得身邊幾個朋友的讚美與恭維，從而透過不斷榨取個人的道德、智慧與身體上的功能，按照自身挑剔的風格去進行創作，這是雪萊的熱情所根本無法承受的。因此，在這個時期，雪萊需要來自外界的強大刺激元素去進行鼓勵，並以此去決定個人的行為活動。

到了 1821 年初，來自外部的刺激主要從三個方面刺激著雪萊。他在比薩居住期間認識的義大利朋友當中，就有一位聰明但名聲不好的教授，梅德溫曾辛辣地描述了一番這位教授。某天，這位教授閱讀了一篇關於一位美麗高尚女士，艾米莉亞‧薇薇安妮（Emilia Viviani）女伯爵的悲傷故事。這位女伯爵被他的父親幽禁在鄉村地區裡一座糟糕的女修道院裡，直到她要與那位糟糕的丈夫結婚為止。這個講述專制父親的故事讓雪萊感到憤怒，他急切地想要去看望那位被幽禁的美麗女性。最後，雪萊與這位教授以及梅德溫一起來到了那座修道院的走廊，他們發現這位女性的美麗，要比任何文字的描述都要更加美麗。沒過多久，雪萊就發現，這位女性不僅有著漂亮的容貌，而且她「所具有的教養，在我所認識的義大利女性中是最高的。」這位女性根據烏克蘭的一個愛情故事，創作出了一首名為《真正的愛》的詩歌，表明了她有著超過一般女性所具有的才智。雪萊帶上雪萊夫人一起去看望她，想辦法讓她在修道院裡的生活不會那麼沉悶。他們還經常寫信給她，或是寄給她花朵與書籍。沒過多久，雪萊對這位遭遇不幸的女性的憐憫心，就變成了一種愛意，這種愛意是屬於精神層面上的柏拉圖愛意，但這種愛意是強烈的。正是這種愛意讓雪萊創作出了《靈魂之靈魂》。對於那些沒有真正領悟柏拉圖的《論文集》以及但丁的《新生命》（La vita nuova）等作品的讀者來說，雪萊的這部作品幾乎是無法閱讀

的。在這首詩歌裡，雪萊將艾米莉亞·薇薇安妮比喻為理想
美感的化身，將她視為所有俗人最美好的代表：

> 天國的六翼天使！有著人類所沒有的溫柔，
> 正在以女性的形象散發出光芒，
> 你身上所散發出來的光芒、愛意與永恆，
> 都是世人所無法抵擋的。

　　在這首詩歌裡，雪萊表明了他對這位女性的愛意，並描
述了他早年所經歷的各種困境與思想的錯覺，讓他在過去無
法真實地看清楚人生。阿芙蘿黛蒂（Aphrodite）（愛與美之
神）一直都是他的靈魂想要追求的東西。在他年輕的時候，
就全身心地投入到了追求理想主義美感的努力當中，似乎找
到了他認為最能代表塵世美感的形態，但他卻一次又一次地
進入了錯覺。最後，艾米莉亞出現了。在她身上，雪萊終於
將多年來一直阻擋他看到真實視野的簾幕拉上來了。艾米莉
亞與瑪麗從今之後，就像太陽與月亮那樣，控制著他內心愛
意的世界。然後，雪萊呼喚著他們一起飛翔。他們三人將要
一起逃離目前所處的環境，遠離人群，前往愛琴島上生活。
雪萊對那一個充滿想像的島嶼的描述，以及他們作為這個沉
悶且缺乏憐憫的世界逃亡者去過上遁世的生活。可以說，雪
萊的這首詩歌，是十九世紀創作出的最具英雄主義情感的韻
律詩歌。

這是一個在艾奧尼亞天空下的島嶼，

就像天堂遺落的地方一樣美麗。

因為這裡的港口既不安全，也不風平浪靜，

因此這片土地一直都人煙罕至。

但是，這裡居住在幾名牧師，

他們是從一個洋溢著清新與純淨空氣的地方過來的，

他們帶著黃金時代最後的一點精神，

這是那麼的簡樸而又充滿活力，顯得那麼純真與勇敢，

湛藍的愛琴海環繞著這一片土地，

永遠變化的潮水聲音，夾雜著光芒與泡沫。

親吻著過濾之後的沙子，

海風沿著海岸邊呼呼地吹過。

潮水是一種沒有受到任何局限的力量，

茂密的樹叢形成了一片美麗的景象，

這裡有很多噴泉、小溪與池塘，

就像純粹的鑽石那樣清澈透明，

或是感受到清晨純潔的空氣。

在更遠處，

一條長滿了青苔的小徑，留下了山羊與小鹿的腳印。

（牧羊人在一年之中也只會走一次這裡。）

穿過林間空地、洞穴、樹蔭處以及建築物，

看到四周都布滿了常青藤，而瀑布則在陽光的照射下，

發出光芒，發出永恆不變的聲音。

中午時分，還能聽到夜鷹的叫聲，

整個地方都填充著宜人的空氣。

這個島嶼所存在的那種清澈美麗的因素，

彷彿就像一陣漂浮在無形泡沫中的迷霧，

就像即將沉睡之人合上了眼睛。

從長滿青苔的紫苔上，在那些隱約可見的黃水仙中，

香氣就像弓箭一樣，直抵人的大腦。

濃烈的香氣，會讓你在甜蜜中暈眩過去。

每一種動靜、香氣、光芒以及聲音，

都會讓深沉的音樂處於一種聯合狀態：

這是靈魂中的靈魂 —— 它們似乎

非常喜歡誕生之前的夢想。

這是一個糅雜著天國、空氣、地球與大海的地方，

然後在安靜的世界裡，慢慢地被環繞與懸掛。

這裡就像漫遊的伊甸園那樣，即便是路西法這樣的惡魔，

也會在充滿生命力的空氣中，在藍色的海洋中得到洗滌。

這是一個非常美好的地方，飢餓、摧殘、

瘟疫、戰爭與地震，都永遠

不可能降臨到山頂之上。而盲目的禿鷹，

在沿著致命的路徑在飛翔。

呼呼而過的風暴，夾雜著電閃雷鳴般的抽搐，

彷彿傳送到了另一個地方，留下了一片安靜的蔚藍色海洋。

或是讓森林與樹叢間的露珠在默默地哭泣。

這裡的一片蒼綠與金黃色的永恆之地，

就在海洋上升起來了，然後在高高的天空中，

慢慢地沉落。清晰的呼吸，那麼柔軟與光明，

一層又一層的惟幕，每一層惟幕都隱藏著一些喜悅，

太陽、月亮或是西風都不能摧殘，

這座小島的美麗。這座小島就是一位赤身裸體的新娘，

在愛意與情感面前紅著臉，

為自己的過度行為而感到害羞與震驚。

就像一個被掩埋的燈，在這座美麗的小島上，

人的靈魂彷彿會慢慢地燃燒成為永恆世界的一個原子，

它的微笑會慢慢呈現出來，可能在青灰色的岩石、藍色的海浪或是綠色的森林裡，

填滿了每一個荒蕪的空間。

雪萊並沒有以自己的名字出版《靈魂之靈魂》這首詩歌。

他將這首詩歌的作者說成是一個「一個在佛羅倫斯去世的
人，當時他正準備一趟前往斯波拉得島的旅程。」雪萊也要
求奧利耶不要傳播這首詩歌，只允許在少數幾位睿智的讀者
中間傳播。我們甚至可以說，這首詩歌從來都沒有出版。正
是在如此安靜低調的方式下，這首詩歌後來透過出版社出版
了。在這首詩歌刊登之後，雪萊在寫給利亞·亨特的一封信
裡表示，「我生命的一部分已經死去了。」還談到了這個問題
的嚴重性：「我們中一些人之前早就喜歡上了安提戈涅（An-
tigone），這讓我們對任何肉體上的束縛都無法感到滿足。」
在 1822 年 6 月 18 日所寫的一封信裡，雪萊說道：「《靈魂之
靈魂》這首歌是我不願意去面對的。創作出這首詩歌的人，
就像一個雲朵，而不是像朱諾（Juno）那樣。可憐的伊克西
翁（Ixion）正是從半人馬座星宿上出發的，之後才有了他的
後代。但是，如果你想要了解我是誰，或是處在什麼樣的
狀態，那麼這首歌可以告訴你其中的一部分內容。這首詩歌
將我人生與個人情感的理想狀態都描述出來了。我認為，一
個人始終都會喜歡上某些東西的。我必須要承認，要是我們
坦誠精神受到肉體與血液的束縛，那麼人類要想去找尋永恆
的精神，這是非常困難的。」雪萊所寫的這段話，就包含了
對《靈魂之靈魂》這首詩歌合理的評論。雖然雪萊的這首詩
歌是非常優秀的，但我們在閱讀這首詩歌的時候，很難始終
保持一種堅定不移的信念，就是完全相信作者在創作時是真

誠的，或是作者所描述的這種情感是永恆的。雪萊在這首詩歌的緒論部分裡，就用華麗的誇張修辭方法進行了致命的表達。之所以說這是致命的，並不是因為他不可能表達出這樣的激情，而是因為雪萊無法說服我們。在這個例子，雪萊始終都在談論著這件事。在《靈魂之靈魂》這首詩歌出版之後，雪萊所做出的評論，就證實了這首詩歌給人留下的印象，也證明了這樣一個結論，即雪萊將他對於艾米莉亞的情感，透過一首情感冷靜的詩歌去表達出來。

對於那些研究雪萊內在生活的人來說，《靈魂之靈魂》這首詩歌始終都具有重要的研究價值。相比於雪萊的其他詩歌作品，這首詩歌有其獨立的風格美感，並且包括了雪萊對愛意的信念。這將《阿拉斯托爾》、《智慧美感的頌歌》以及《阿扎納斯王子》等作品裡面不為人知的創作原則都表達出來了。但是，上面所引述的那些內容，可以對比雪萊夫人對《阿扎納斯王子》的評論，這可以說明一個事實，即雪萊也意識到自己的創作理論中存在著某些缺陷。在創作《智慧美感的頌歌》時，雪萊並沒有忠誠於美感的概念，而是想要「透過他所熱愛的這個世界，去找尋這樣的美感。」因此，雖然雪萊在《靈魂之靈魂》這首詩歌裡表達出的理想信念，似乎是充滿柏拉圖主義色彩的，但這與柏拉圖的《論文集》卻是不相符的。柏拉圖將對某個美麗之人的愛意當成是一種通向神性神祕的出發點，這也僅僅是攀登天國階梯的第一步。當一個人

對宇宙美感形成了正確的概念之後，那麼他就會懷著微笑去看到那些世俗的物體。要是按照這一標準去看的話，雪萊對智慧美感的認知，與太多世俗的情感融合起來了，包括他對艾米莉亞那種崇拜的愛意。因此，雪萊的這種柏拉圖主義是值得懷疑的。柏拉圖可能會說，要想在艾米莉亞・薇薇安妮身上找到美感的思想，這就是一個嚴重倒退的舉動。因為艾米莉亞・薇薇安妮所能做的，就是促進我們的靈魂對美感的感受，讓我們從沉悶的世界裡攪動起來，讓一個超感官的思想世界裡面的那種永恆的美感事實，變得更加具有神性。關於這點，雪萊在《智慧美感的頌歌》裡，已經談到了。雪萊曾用下面這段話去加以強調：「錯誤就在於，想要透過凡人的形象去追尋永恆的東西。」

　　收錄在福爾曼版本裡的部分內容，並沒有太多談及《靈魂之靈魂》。而編輯加內特先生所寫的一篇名為《向他的天才致敬》，讀起來更像從不同的角度對一首詩歌進行介紹，無法帶給人靈感。不過，這篇文章則對雪萊的這首詩歌表現出了強烈的興趣，專門談論了有關愛情與友情之間的問題，而沒有談及讓世人無法理解的精神或是無從分辨的智慧等事情。因此，這一殘留的內容讓研究雪萊的人意識到，這樣一種崇拜情感是可以透過《靈魂之靈魂》這部作品表現出來的。

　　1820 年 12 月 27 日，濟慈在羅馬去世的消息傳播出去之後，《季刊》上刊登了一篇名為〈恩底彌翁〉（*Endymion*）的評

論文章，這篇文章用鄙視的口吻評論濟慈的作品，這激發了雪萊創作出〈阿童尼〉這部作品。雪萊在比薩的時候將這部作品印刷出來了，然後寄給奧利耶，讓他在倫敦傳播。雪萊非常喜歡這首詩歌，因為他不僅希望這首詩歌能夠得到大眾的接受，而且還能表達他對去世的濟慈的崇敬之情。關於雪萊作品的很多評論文章，都根本比不上雪萊自己所寫的評論文章。因此，我們有必要引述一下雪萊所寫的輓歌，這可與黎西達斯 (Lycidas) 所寫的文章相媲美。雪萊所表達出來的情感，甚至要超過彌爾頓在年輕時對他那位逝去朋友的哀悼之情。「〈阿童尼〉這首詩歌，要是將裡面的神祕主義情感擱在一邊的話，」雪萊在給奧利耶的一封信裡表示，「可以說是我最為完美的作品了。」「我必須要承認一點，如果這首詩歌最後被世人遺忘掉的話，我會感到非常震驚。」「這是一首凝聚著高度藝術性的藝術作品。也許，從創作的角度而言，這是我創作過的最好的作品。」「當我看到很多人發表的評論文章都在批判〈阿童尼〉，並認為這首詩歌是糟糕的時候，我覺得這是非常荒謬的。」「我知道應該要對〈阿童尼〉這首詩歌做出怎樣的評價，但是當我想到一些人將這首詩歌與當代很多糟糕的詩歌混在一起的時候，我不知道該說些什麼。」在談到《季刊》上那位臭名昭彰的評論家時，雪萊說：「我已經用自己手上的筆，去燃燒起一團烈火，將他摧毀。否則，我的風格就是冷靜與嚴肅的。」

對於雪萊當時對自己的作品所做出的評價，當代讀者會
發自內心地表示同意。雖然〈阿童尼〉這首詩歌的範疇，無法
與雪萊的《解放了的普羅米修斯》以及《靈魂之靈魂》相比，
但這首詩歌以某種可持續的美感呈現出了雪萊的特質，讓思
想最沉悶的人都能夠感受到其中的美感。我們可能會注意
到，雪萊沉浸在這首詩歌所具有的藝術性上。也許，這也會
讓很多研究雪萊的人感到最震驚。雪萊選擇了被很多人視為
古希臘田園詩歌中最糟糕的〈阿童尼〉這個主題去進行創作，
然後用自己所具有的當代精神思想去對此進行傳輸，展現出
了普洛斯彼羅（Prospero）手上那根魔杖的威力。這是雪萊對
傑出藝術作品的一種變形，也是雪萊這位傑出且思想積極的
詩人，透過形而上學的想像力去對此進行的一番轉變。烏拉
尼亞（Urania）（維納斯的別稱）占據了阿芙蘿黛蒂的位置，
而對那位逝去歌手的思念、幻想以及願望，都被對邱比特的
思想所占據。英國當代的吟遊詩人並沒有像在高山上牧羊的
人，而是一起哀嘆濟慈的去世。但是，只有當雪萊真正從那
些他的榜樣所帶來的影響中抽離出來之後，他才能真正地展
翅高飛。淡然，這也是從死亡、悲傷以及從永恆、歡樂以及
那些無法表達的歡喜情感中，出現的一種過渡。與此同時，
這首詩歌的第一部分與第二部分，顯得非常和諧。從一個段
落轉接到下一個段落，也是非常自然的。我們只需要對〈阿
童尼〉這首詩歌進行兩段引述，就可以展現出這首詩歌所具

有的力量與美好的情感。

　　第一段內容描述了雪萊追隨拜倫與莫爾等詩人 ——「對永恆的朝聖」以及厄內「犯下最讓人感到悲傷錯誤的最美好抒情詩人」的作品 —— 用來表達去世的濟慈所帶來的影響。無論是拜倫還是莫爾，在這兩名詩人當中，哀婉的情感與自然而然流露出來的諷刺情感，這都是主要因素。當我們記得拜倫在《唐璜》(*Don Juan*)這首長詩裡寫到濟慈的時候，以及莫爾對雪萊的紀錄，就可以看到這點。除此之外，當我們想像一下，濟慈與雪萊在詩歌方面的成就都遠遠超過了莫爾，可以挑戰拜倫在詩歌領域內最高無上的地位。

　　在沒沒無聞的人群當中，來了一個身體屏弱之人，

　　她就像一個幽靈，顯得孤獨。

　　隨著下起暴風雨的最後一絲烏雲散去了，

　　隨著如喪鐘般的轟鳴雷響過去之後，

　　我猜想，他可能正觀察著大自然最真實的美感，

　　就像亞克託安(Actara Weng)那樣，他邁著疲倦的腳步，

　　可能會在世界的荒野中誤入歧途，

　　他自身的思想彷彿沿著那條崎嶇的道路，

　　就像發瘋的獵犬那樣，追隨著獵物。

　　就像充滿美感與腳步迅速的獵豹，

孤獨將愛意隱藏起來了 —— 一種力量

環繞著弱者，無法將自上而下的重物，

提升起來。

這是一盞行將熄滅的燈火，還是一場傾盆而至的大雨，

還是一道洶湧的海浪 —— 甚至在我們說話的時候，

難道這道海浪沒有拍打過來嗎？在那些行將枯萎的花
朵中，

炙熱的陽光正在露出甜蜜的笑容：在臉頰上，

生命可以燃燒成為血液，甚至連人的心都會碎掉。

他的頭上插著迎風飄揚的三色紫羅蘭，

慢慢枯萎的白色、斑駁色與藍色的枯萎紫羅蘭，

就像覆蓋著柏樹毬果的輕便利矛，

在其粗糙的桿狀物下面，深色的常青藤在生長，

卻沾滿著森林中午時分森林裡的露水。

正如不斷跳動的心，不斷地飄動。

握著弱者的雙手，然後緊緊地抓住。

他是最後才到來的船員，沒人注意到他，

就像一頭被獵人的弓箭射中，被人遺棄的鹿。

　　第二段內容，可以說是雪萊對這首詩歌的結束語。這是
雪萊所有詩歌裡面，最能展現他以莊嚴與真實的語言去闡述
宇宙與人類之間哲學的思想了。要是我們能夠確認任何稱得

上系統的哲學思想，那麼這就可以稱為泛神論了。但是，我們很難對此說出一個名字，也無法將其納入任何形式的學派。因為追求詩歌音律方面空靈的精神主義，這是冷靜的雪萊所追求的創作信條。

一首悲傷詩歌的旋律運轉，卻因為三個詩節而受到了干擾。在這三個詩節的內容裡，雪萊批評了那些對濟慈出言不遜的評論家。之後，他再次用詩歌的音樂性表達對濟慈的崇拜之情：

> 安息吧！安息吧！他沒有逝去，他沒有沉睡！
> 他在夢境的生活中甦醒過來了，
> 我們這些在暴風雨裡中迷失了方向的人，
> 始終在毫無意義的爭鬥的幻影中生存，
> 在發瘋似的恍惚中，用我們精神的刀劍去
> 刺破那根本不存在的虛無。我們
> 就像停屍房裡的屍體那樣腐化，恐懼與悲傷
> 一天天地讓我們抽搐與消融，
> 冷漠的希望，就像蠕蟲在我們存活的泥土中爬行。
> 在我們漆黑夜晚的陰影中，他已經展翅高飛了，
> 越過了一切嫉妒、誹謗、仇恨與痛苦。
> 人們錯誤稱之為愉悅的不安情感，
> 根本無法觸碰到他，也根本無法折磨到他。

在這個世界緩慢腐蝕的過程中，

他是安全的，永遠不會感到悲傷。

即便人的心靈變得冷漠，即便人的頭髮全白了，

當精神的自我不再燃燒了，

無人惋惜的骨灰罈的骨灰，沒有閃耀出半點光芒。

他還活著，他甦醒過來了 —— 死亡的是死神，而不是他，

不要為阿童尼感到悲傷 —— 早晨初生的曙光，

讓你的露珠閃閃發光，

從你身上，你所埋怨的精神不再消失！

你的洞穴與你的森林，停止了悲傷！

你那些行將枯萎的花朵與行將乾枯的噴泉，停止了悲傷。

當一層悲傷的帷幕慢慢降下來的時候，

你已經遠離了這個遭到遺棄的世界，現在，甚至連最歡樂的星星，

都能在絕望的時候，露出微笑。

他與自然合為一體了：他的聲音變成了自然的聲音，

他的悲傷變成了轟鳴的雷響，他夜半的歌聲變成了小鳥的歡歌。

他是一個可以感知的存在。

無論在黑暗還是光明，無論是在香草還是在石頭，

他都在不顯露自身的情況下，

慢慢地展現出個人的能量。

他以讓人永不疲倦的愛意，控制著這個世界，

從底下支撐著這個世界，用愛意點燃了這個世界。

他是愛意的一部分

現在，他讓這個世界充滿更多愛意：他承受著個人應有
的那份痛苦，

而他與自然合而為一的精神，以無法阻擋的力量，

席捲了整個沉悶的世界，促使他們改變之前做出的
行為。

讓那些不願意做出改變的渣滓改變陋習，成為好人。

因為宇宙的每一個存在，都必須要承擔相應的責任，

只有展現出自身存在的美感，才能從樹林與野獸以及人
類當中，

看到天國發出的光芒。

不過，讓人類的靈魂與原始的自然力量融為一體，將思
想的原則與宇宙充滿美感的原則融為一體，這不足以滿足人
類對永恆的渴望。因此，在接下來的三個詩節裡，雪萊將個
人自我所具有的那種無法摧毀的性質呈現出來。正如阿童尼
的靈魂進入了那些像他這樣勤勉工作一輩子而失去的人那

樣，肯定會遭受到不合時宜的批判：

　　時間蒼穹的絢麗，

　　可能會漸漸消隱，卻不會消失：

　　就像群星在指定的高度上攀升，

　　死神就像無法抹去的低矮迷霧，

　　其明亮程度會被掩蓋。當高尚的思想

　　讓一顆年輕的心靈超越了世俗的塵埃，

　　愛意與生命會對此心滿意足，因為

　　這就是他在塵世間的命運，就是死亡在此活著的時刻。

　　接著，在一場黑暗且充滿暴風雨的空氣中，

　　就像一陣光芒的旋風那樣隨時消失。

　　繼承著無法實現名聲的人，

　　從他們的寶座上站起來，在世俗思想之外去建構，

　　遠方模糊不清的夢想。

　　查特頓（Chatterton）臉色蒼白地站起來，他那痛苦而莊重的表情，

　　還沒有從他的臉龐上消失。西德尼（Sidney），在一邊奮鬥，

　　一邊倒下的過程中，始終活著與愛著別人。

　　他是一個有著溫和靈魂的人，沒有任何瑕疵，

　　他勇敢地站起來。盧坎（Lugan）在接受死神的同意

之後，

　　就像遭到一番斥責之後，慢慢地進入了被遺忘的世界。

　　還有很多人的名字，在這個世界上是沒沒無聞的，

　　但他們傳播的影響力是無法消亡的。

　　只要火焰持續的時間比火種長，

　　就能發出閃耀世人的光芒。

　　「你成為了我們中的一人，」他們大聲說，

　　「正是為了你，在一個沒有國王的領域裡，

　　盲目地攀登著所謂的神性位置。

　　在天國歌聲的安靜與孤獨當中，

　　你擁抱了帶有翅膀的王位，

　　你就是我們這群人的晚禱聲音。」

　　在雪萊詩歌裡，那些更普遍與哲學方面的層面上，他再一次關注到了激盪他心靈的特殊主題。阿童尼是躺著去世的，而那些為他感到悲傷的人，肯定會想著去找尋他的墳墓。但是，阿童尼已經逃脫出來了，要想追隨他的腳步，就必須要面臨著死神的影子。我們應該從哪裡學習，如何才能在不懷著恐懼的情況下去面對死神呢？即便不是在羅馬這座城市？按照這種方式，對濟慈位於天國金字塔下面的休息之地的描述，同樣可以充分展現出雪萊那獨特的創作能力：

　　誰會為阿童尼感到悲傷呢？哦，過來吧！

可悲的人！以正確的方式展現出你吧，

用你那搖擺不定的喘息靈魂去表達吧。

從一個中心出發，讓你的精神之光，

超越一切世俗的景象，直到充盈填滿了

那虛榮的世界：然後，回歸到

我們白天與黑夜之間的某個點。

讓你的心靈充滿著光芒吧。

當希望點燃希望，並且將你引誘到邊緣的時候，

就讓這樣的希望慢慢沉淪吧。

或者，你可以前去羅馬，

這裡沒有擺放著他的聖體安置所，而是存放著我們的歡樂：

這樣的希望不會隨著歲月變老，也不會受到情感的影響。

我們的信仰就埋葬在他們所製造的野蠻世界裡。

在這裡，他可以貢獻出自己的一切 ——

他們無法從這個獵物世界裡獲得一絲榮耀。

他將很多美妙的思想都收集起來了，

他們願意為他們這個時代的過去而感到心滿意足，

而所謂的過去，其實永遠都不會過去。

前去羅馬吧！你會置身於天堂！

那裡的墳墓，那裡的城市，那裡的狂野，

任何破敗之處，就像破碎的高山，

開花的種子與雜樹叢裝扮著一切，

荒野中赤裸的骨頭靜靜地躺著，

直到上天的精神引領著你的腳步，

來到了一片青綠色的草地上。

在這裡，我們以嬰兒那般的微笑面對著死神。

充滿笑意的花朵，就像一束光芒那樣沿著草地不斷傳播。

灰色的城牆環繞著，沉悶的時光慢慢地流逝，

就像一團慢慢燃燒的火焰。

在一個尖銳的塔頂上，楔子都無法鑽入。

他的塵埃就是他記憶中的殘留，

就像火焰那樣，轉變成了大理石。

在大理石下面，是一片看不到頭的田野，

一群人正在露出天國的笑容，面對著死神的到來，

在歡迎死神之後，我們的呼吸變得越來越微弱。

此時出現了停頓：這些人都太年輕了，

不能就這樣走進人生的墳墓。

每個人都會感受到自身的悲傷，如果命運的封印蓋在

一個悲傷靈魂的源頭，

如果可以的話，就去摘下來吧！你會發現，

如果你回家的話，就會發現你的心靈變得圓滿，

眼睛含著淚水，感到憤怒。從世界上呼呼而過的風聲，

都在墳墓的陰影中找尋著庇護。

阿童尼到底是誰呢？為什要擔心我們會變成那樣的人？

在此，將死神當成是解脫者、揭示者以及神祕教義信仰者，然後透過人類的靈魂使之與宇宙的精神合而為一的思想，又重新出現在雪萊的腦海裡。正是在這種充滿莊嚴情感的詩句裡，這首詩歌結束了。這首詩歌表現出來的那種情感歡喜的交響曲，讓阿童尼進入到了一個永恆的世界。此時，整首詩歌進入了更加嚴肅的節奏，讓神祕與悲傷所具有的情緒都壓迫著整個地球。但是，即便最後得出的結論不是那麼的歡喜，但我們仍然可以感受到雪萊那無與倫比的文學才華 —— 釋放出了難以估量的心靈能量，讓靈魂內部的力量都得到了釋放與擴張，讓我們能夠去戰勝環境，為感受到這樣的希望而感到歡欣鼓舞與充滿希望，從而讓軟弱的精神顫抖起來：

> 其中一個始終不變，其餘的都發生了改變，
>
> 天國的光芒始終在照耀，地球的陰影在掠過，
>
> 生命，就像多彩玻璃所形成的圓頂，
>
> 閃耀出白色永恆光芒的聖人，
>
> 直到死神將其踩在腳下 —— 面臨著死亡。
>
> 如果你想要成為你想要成為的人，
>
> 就要追隨一切早已經逃離的東西！羅馬那蔚藍的天空，

鮮花、廢墟、雕像、音樂、話語，都是無足輕重的，

他們用妥善的真理，將這樣的光榮轉移開來了。

我的心靈，為什麼要猶豫不前，為什麼要轉過身，為什麼要逃避？

你的希望之前已經消失了：他們從所有的事情開始，已經離開了，

你現在就應該慢慢地離開！

一束光芒從循環的歲月中慢慢地過去了。

無論是男人女人，真正寶貴的，

最終都必然會摧毀一切，讓你慢慢地枯萎。

溫柔的天空露出了微笑，低沉的風聲在附近慢慢地低聲絮語：

這是阿童尼的呼喚！哦，趕緊前往那裡吧！

不要再讓生命因為死神而無法重聚！

這一束閃耀微笑的光，點亮了整個宇宙，

萬物運轉與移動的美感，

所有消失的詛咒所帶來的祝福，

無法征服的那種出生，那持續不斷的愛意，

都會穿過一層盲目愛意交織而成的大網。

人類、野獸、地球、空氣與大海，

都會慢慢地發出光芒，或是變得昏暗，因為這都是

熾熱燃燒的火焰的鏡子，現在卻照亮了我，

將冷漠世俗的最後一層雲朵都吞噬了。

我想要在一首歌裡表達出來的氣息，

慢慢降落在我身上。我的精神的喊叫，

慢慢地被追趕到了海岸邊，這裡遠離一切瑟瑟發抖的人群，

他們的航船絕對不會任由暴風雨的擺布，

一望無際的球與圓形的天空慢慢地撕裂！

我在黑暗中誕生，內心感到恐懼，

而天國最內在的思想，則在緩慢地燃燒。

阿童尼的靈魂，就像一顆星星，

成為了永恆駐留的一座燈塔。

　　從這首詩歌裡，我們可以看出，雖然雪萊經常會談到靈魂永恆的問題，但他並不是一位物質主義者，也絕對不相信死神能夠將人類的精神元素完全消滅掉。但是，雪萊是一位極為睿智的人，絕對不會根據一個問題所具有的本性而對此進行教條主義的批判，從而認為這是這個世界上根本不存在這樣的解決之道。「我希望，」雪萊曾說，「當我的希望與我們行將死亡之時，所能感受到的那種無法估量的精神能量之間的擔心，是融合起來的。」在另一個場合下，他對特里洛尼表示：「我滿足於自己所能看到的未來，不會超越柏拉圖與

培根（Bacon）所談論的未來。我的心智是平靜的。我沒有感到任何恐懼，內心仍然保留著希望。在我們當代這樣一個講究物質的時代，我們的身心功能都蒙在了一層陰影之下。當死神將我們肉身消滅之後，那麼一切神祕的問題都將會得到解決。」關於死神的思想不時地出現在他的心靈世界裡，這也可以從特里洛尼所談論的一件事情上看出來。他們正在阿諾河（Arno）上游泳。不會游泳的雪萊卻直接跳入了深水區，然後「就像一條海鰻那樣沉入水下面，似乎根本沒有想過要拯救自己的生命。」之後，特里洛尼將雪萊救上來。當雪萊重新恢復呼吸之後，他說：「我始終都認為，潛入水底是一件很好的事情，很多人都說真理就埋葬在水底下面。在某個時刻，我會發現這樣的真理，有時你則會發現這是空洞的。死神就像一層帷幕，而所有人都將這層帷幕稱為生命。當他們沉睡之後，那麼這層帷幕就升起來了。」不過，在他諸多朋友的敦促下，雪萊拒絕準確承認人類靈魂所具有的不朽性。「我們對此一無所知，我們無法找到任何相關的證據。我們無法表達出內心最深層的思想。即便對我們來說，這都是無法理解的。」雪萊的最後一句話，表現出了他對這個問題的深刻洞察力，這也是非常具有雪萊特色的。這會讓我們為他沒有完成〈未來的人生〉這篇文章而感到遺憾。因為如果他能夠完成的話，肯定會以真誠清晰的方式去闡述這個問題的，他也將會深刻談論關於疑問的影響，並談到在智慧判斷出現中斷

時，精神現實世界裡的感覺。當雪萊在一群謎團當中，緊緊抓住了某個問題的時候，那麼整個宇宙所具有的那種絕對且不可摧毀的存在，就可以讓我們從愛意、美感與愉悅中了解到。個人自我的思想與命運，都會讓那些不會消失的東西慢慢隱藏起來。《含羞草》這首詩歌所得出的結論，就可以用來表達雪萊在面對很多無法解開的謎團時，內心所堅持的希望本質。

> 樹枝下面的含羞草，
>
> 不管是否像一種精神那樣靜坐著，
>
> 其外在的形態出現衰敗，
>
> 早已經感受到了這種轉變，但我不能說。
>
> 我不願意去進行猜測，但在這
>
> 充滿謬誤、無知與紛爭的人生中，
>
> 在所有可見的事物當中，都是我們
>
> 夢境中的陰影而已。
>
> 這是一種謙卑的信念，但這是愉悅的信念。
>
> 如果我們仔細思考這個問題，
>
> 就會發現死神本身與其他一切一樣，
>
> 都是一個諷刺而已。
>
> 那位美麗的女士，充滿芳香的花園，
>
> 所有好看的形狀與芳香，
>
> 事實上都從未離開過：

「這是我們的,這是我們的。」

這一切都發生了改變,但他們沒有發生改變。

為了愛情、美感與歡欣,

已經不存在死亡或是任何變化了。

它們可能會超越我們的器官,讓我們

無法去忍受任何光芒,讓一切都變得模糊。

但是,我們此時有必要從偏離的主題回到上面這首詩歌當中。這首詩歌充分展現出了雪萊對墳墓裡面的生命的一種情感。而雪萊在〈阿童尼〉這首詩歌裡的最後幾句話,可以被視為他對自己之後會被淹死的一種預言。雪萊在詩歌裡經常表露出這樣的思想,這也許是非常神奇的。在《阿拉斯托爾》這首詩歌裡,我們可以讀到:

一種不安的衝動敦促著他上船,

在可怕的茫茫大海中,與孤獨的死神見面。

因為他知道,可怕的陰影喜歡

那些人口稠密的泥濘洞穴。

在《自由頌》(*Ode To Liberty*)裡,雪萊則以相同的句子去結尾:

隨著蠟芯在黑暗的夜晚中慢慢地失去光芒,

就好比一隻昆蟲在即將逝去的白天裡死去一樣,

我的歌謠,就像原先有著強大力量的翅膀,

也慢慢地收縮起來了。遠處傳來了迴響的聲音。

這一響聲激勵著我們的飛行，

海浪則灌滿了那一條河道。

在海浪拍起來的時候，將一個人溺死在它的懷抱裡。

雪萊在那不勒斯居住期間，沮喪時期所寫的一些詩節，以稍微不同的方式重複了他這樣的思想：

雖然風雨都是那麼的溫和，

但我卻感到絕望。

我就像一個疲倦的孩子那樣躺著，

用哭聲將生活的憂慮抹去，

使之離我遠去。我必須要忍受這一切，

直到死神像睡眠那樣，從我的身上掠過。

我可以感受到溫暖的空氣，

我的臉頰變得冰冷，聽到了大海

在我那行將窒息的大腦裡，迴盪著單調的呼喊。

特里洛尼就講過一個關於雪萊在萊勒里的故事。這個故事可以進一步說明雪萊對於自己可能會死在大海裡的強烈念頭。一天下午，雪萊讓威廉姆斯夫人以及她的孩子都離開他那一艘小船，接著突然就陷入了一種深沉的思考當中。這樣的思考讓他發出了一陣喜悅果敢的聲音。「現在，讓我們最終解決這一偉大的神祕問題吧！」雪萊可能將單純說出的這

句話，賦予了太多的價值。但是，雪萊說出的這句話，卻讓威廉姆斯夫人感到恐懼，因為雪萊的朋友都早已經習慣了他很多最狂野的想法。因此，在大海最終吞沒雪萊之前，就已經展現出這樣的徵兆了。之前，雪萊就經常感受到自己的人生面臨著諸多致命的危險 —— 在他第一次乘船前往愛爾蘭的時候，他與瑪麗一起乘坐無甲板船穿越了海峽。之後，他再與拜倫一起乘船前往梅勒里，並且至少與威廉姆斯夫婦一起乘坐過船隻。

1821 年，雪萊的第三次創作，則是受到了馬維洛科達託王子前往比薩猪次行程的影響。馬維洛科達託工了在 4 月前去拜訪他，並向他展示了伊普西蘭提土子所撰寫的宣言複製本，表示希臘注定會為自由做出犧牲。這一消息激發了雪萊的熱情。於是，他開始創作《赫拉斯》（*Hellas*）的抒情劇。他這將這出抒情劇稱為「對埃斯庫羅斯的一種模仿。」我們可以發現，雪萊是在 10 月開始進行創作的，因此，他肯定是在這個月底就完成的了。因為這首詩歌所敬獻的日期寫著 1821 年11 月 1 日。不過，雪萊對此並不是很重視。他說：「我在創作這首抒情劇的時候，並沒有很用心。當初激發我熱情的靈感，此時都很少再次出現了，這也讓我對他們的這次拜訪付出了不少的努力。」如果篇幅允許的話，這首抒情劇的前言內容是可以引述一番的，展現出他對本世紀最重要的政治問題的全面判斷。雪萊將當代世界的面貌，歸功於赫拉

斯的功勞。他的這一說法，其實與他對俄國在處理東方問題的嚴厲批判，都是一樣全面客觀的。除了表達這些想法之外，這首抒情劇同樣展現出了美感，在最莊嚴的情感喜悅時刻，表現出他的情感，最後在半可悲的韻律中結束了這首著名的歌謠。「這個世界偉大的時代終於要開啟了。」雪萊這首抒情劇所具有的戲劇性，其實並不明顯。這也稱不上是什麼戲劇，因為這只能稱得上是開場白。我認為，雪萊這首尚未完成的作品，肯定是他想要完成一個更加宏大計劃的一部分。但出於某些未知的原因，雪萊沒有這樣去做。這不僅表明了《約伯記》所具有的影響力，而且還展現出了《從天國到浮士德》的序言，對他心靈所產生的影響。

　　我下面要引述雪萊在《赫拉斯》這首抒情詩歌裡的內容，可以說代表著雪萊在韻律創新方面的最高峰。至於這首詩歌所表達的思想，我們可以先放在一邊。我們千萬不要忘記，這些詩節是雪萊為一位古希臘遭到禁錮的女性所寫的，她的信條並沒有讓他們為「追求一種更為簡樸的崇拜思想」而感到遺憾。雪萊的詩歌以其典型的坦率與謹慎給讀者留下深刻的印象。「人們對基督教的普遍概念，都可以透過這首詩歌表達的思想以及古希臘人的崇拜思想之間的關係去展現出來。當然，我們不需要去考慮這兩者之間存在的更廣泛關聯。」

在衰敗的創造世界裡，

一個又一個世界慢慢地出現，

就像河裡的泡沫一樣，

閃耀著光芒，泛起水流，將一切都捲走。

但是，他們仍然是不朽的，

穿過誕生萬物的東方之門，

穿過死亡黑暗的峽谷，

用永不停歇的飛翔去環繞一切。

在短暫的塵埃與光明之下，

隨著一輪戰車的方向不斷前進，

他們不斷編織出全新的形態，

創造出新的神，制定全新的法律。

無論是光明還是陰暗，纏繞在死神脊骨上的絲帶掉了下來。

來自未知之神的力量，

出現了普羅米修斯那樣征服一切的力量。

他沿著一條勝利大道，

看到了自己凡人的模樣，

彷彿蒸汽那樣的模糊。

東方星球散發出光芒的力量。

地獄、罪惡與奴役出現了，

就像溫和與馴服的獵狗，

只有在它們的主人離開之後，

才會到處咬人。

穆罕默德（Mahomet）的月光慢慢升起來了，

就像天國世界裡永不沉默的中午，

引領著一代又一代人不斷地前進。

沉睡展現出來的光芒形態是那麼迅速。

夢境的世界彷彿是一個天堂。

當可憐之人在哭泣的時候，

當白日映入他那雙空洞的眼神裡，

一切都飛逝的那麼快，那麼的模糊而又那麼的美麗。

從伯利恆附近的星星上逃離：

阿波羅（Apollo）、潘神（Pan）與愛神，

甚至連奧林匹亞的朱比特（Jove）也逃離了。

他們因為扼殺了照耀在身上的真理而變得脆弱。

我們的山丘、大海與消息，

都充斥著被他們扼殺了夢想的人。

他們將河流變成了血流，將露珠變成了眼淚，

為過去的黃金歲月逝去而哀傷。

這年的秋天，雪萊前往拉文那拜訪了拜倫爵士。在此期間，他認識了吉科利公爵夫人。當時，拜倫已經準備與利

亞‧亨特一起創辦一份名為《自由》的期刊，並想定居在比薩。利亞‧亨特也將會在比薩與他的兄弟詩人住在一起。這件事讓雪萊感到高興，因為他發白內心地喜歡亨特這位朋友。雖然他並沒有承諾要為這份期刊撰稿，部分原因是他的名字可能會給這份期刊帶來不好的名聲，部分原因是他不想讓世人覺得他是拜倫的跟班。不過，雪萊完全同意亨特提出的計畫，因為這項計畫可以讓他與當時最負盛名的詩人保持親密的關係。不過，雪萊對拜倫是否可以與利亞‧亨特進行愉快的合作是表示疑慮的，這可以從他的書信裡看出來。至於雪萊所表達的疑慮是否得到了證實，最後大家都知道了。

在拉文那的時候，很多中傷他的評論讓他備受折磨。至於這到底是哪方面的中傷，我們無從得知。但是，這對雪萊的心智產生了嚴重的影響，這可以從他在 8 月 16 日與 17 日於拉文那寫給妻子的信件看出來。在這些信件裡，雪萊重中了他所感到的焦慮，並且希望遠離社交活動，過上一種獨處的生活。可以說，雪萊柔軟的本性在與世人打交道之後，因為受傷與感到失望，而覺得心力交瘁，但他從未因為很多人的殘酷對待而感到憤怒。值得注意的是，在這個時候，雪萊始終居住在當時的住所：「我們的根已經深深扎在比薩這座城市了，任何嫁接的樹木，都很難真正生長起來的。」在比薩居住期間，雪萊在與兩位朋友，也就是威廉姆斯姐妹的交流中，感受到了真正的放鬆與精神的愉悅。雪萊在這一年裡

所創作的最悲傷與最感人的抒情詩歌，都是寫給珍妮（Jane）
的——威廉姆斯姐妹的其中一位就是這個名字。認真細緻的
研究者可能會發現，雪萊對艾米莉亞的思念已經被他對珍妮
的全新思念所慢慢取代了，而這種轉變是非常微妙的。這首
詩歌展現出強烈的憂鬱情感，已經說明了雪萊此時的家庭生
活不是那麼的快樂幸福了。雪萊所使用的這些字眼，也不能
證明瑪麗對他的思念，或是說明他有任何能力去忍受家庭生
活所帶來的煩惱。雪萊並不是一位被寵壞的富家子弟，不是
一位脆弱的自大主義者，更不是一位脾氣暴躁的訴苦者。但
是，雪萊總是在找尋著那種內心深處渴望的東西，卻始終都
無法找到。用他自己的話來說，在他降臨到這個世界之前，
就喜歡上了安提戈涅：在這個世界上，沒有誰可以讓他感到
幸福，因為他始終都在找尋著超越塵世間所能給予他的最大
愛意。除此之外，我們必須要明白一點，那就是雪萊的自我
表達能力，可以讓他賦予某些短暫易逝的情感一種持久的情
感形態。我們也不可避免得出這樣的結論，即雖然雪萊是誠
實的，但他與所有詩人一樣，都會利用某個時刻的情感去追
求藝術方面的創作，將一種超然塵世的情感變成某種典型或
是普遍的情感。這樣的情感在《靈魂之靈魂》這首詩歌裡得到
了完美的展現。

　　不管怎樣，雖然很多對雪萊一些不大著名詩歌進行研究的
人，都會確信一點，那就是在雪萊人生的最後一年裡，他經常

能夠從痛苦的情感 —— 無論這種痛苦的情感是多麼的真實，還是多麼的無法定義 —— 解脫出來，因為他能夠得到一位源於真心的女性給予的憐憫。雪萊與珍妮所表現出來的情感，毫無疑問是純粹且充滿榮耀的。雪萊在創作關於珍妮的詩歌過程，幾乎都沒有任何情感方面的停頓。而雪萊夫人雖然對珍妮懷著情有可原的嫉妒心理，但她仍然成為威廉姆斯姐妹的好朋友。雪萊在 1822 年 6 月 18 日所寫的一封信的某個段落裡，就表明了他與威廉姆斯之間的關係：「對我來說，她們是非常親切的人。但是，言語並不是我們進行交流的一種工具。我越來越喜歡珍妮，我覺得威廉姆斯姐妹是最有趣的夥伴。珍妮對音樂有著個人的審美品味，也對風格以及詩歌作品的發展有著一定的見解，這在某種程度上彌補了她所缺乏的文學修養。」

雪萊在這個時期所創作的兩首抒情詩在這裡可以引述一番，部分原因是這兩首詩歌本身所具有的內在價值，部分原因是這兩首詩歌都說明了雪萊在比薩度過數月安靜的生活時，所表現出的旺盛創作能力。第一首要引述的詩歌是《向夜晚祈禱》：

夜晚的精神，

迅速地沿著西邊的天空飛馳，

越過了充滿迷霧的東方洞穴。

在漫長孤獨的白天裡，

你編織著喜悅與恐懼的夢想，
讓你變得更加可怕與親切，
你的速度是那麼地快！
用一個灰色的斗篷將你包裹起來吧，
就像夜晚的星星那樣！
讓你的頭髮，將白天的眼睛遮蔽住吧，
一直親吻她，直到她感到疲倦。
然後你可以在城市、大海與大地上漫遊，
用你那帶有麻醉的神奇權杖去觸碰它吧，
你夢寐以求的東西就會出現。
當我站起來，看到黎明的出現，
不禁為你嘆了一口氣。
當光芒越來越高，露珠就消失了。
正午的光線沉重地壓在花朵與樹木上，
疲倦睏乏的一天讓他可以好好休息。
你就像一位沒人疼愛的旅客徘徊著，
我不禁為你嘆了一口氣。
你的兄弟死神過來吧，大聲叫喊：
「這是你嗎？」
你那如孩童般甜美的夢境，你那雙美麗的眼睛，
就像正午時分的蜜蜂發出嗡嗡聲響。

「我要在你的身旁築巢，

這是你嗎？」我回答說。

「不，這不是你。」

當你在不久之後死去的時候，

死神就會到來。

當你的靈魂遠走的時候，

睡眠就會到來。

美麗的夜晚，我永遠不會懇求你賜予任何恩惠，

你那匆忙的腳步是那麼迅疾，

不久之後就會離開的。

　　節選的第二段詩歌則是雪萊為他的朋友威廉姆斯所寫的一齣戲劇所撰寫的祝婚詩。對詩意藝術有所研究的人會發現，將雪萊的這首詩歌與福曼所創作的三個版本的婚禮讚歌進行一番比較，還是比較有趣的。這證明了雪萊絕對不是隨便進行創作的人。

沉睡的金門開啟了，

力量與美感融會在一起。

在光亮的天氣下，

就像星星那樣點燃了這樣的畫面。

夜晚。無數星星都俯瞰著世界，

黑暗正在結出最聖潔的露珠！

永不停歇的月亮，

面對著真實的場景露出了微笑。

讓你的雙眼不要看到他們的喜悅。

你的重生過程，

是那麼的匆忙與迅疾。

精靈、仙女與天使留住她！

神聖的星星，不要允許任何犯下的錯誤。

回去喚醒那些沉睡者，

黎明即將到來！

哦，喜悅！哦，恐懼！在太陽尚未出現之前，

做好你們應該做的事情吧！

雪萊的這些抒情詩歌，情感細膩，風格鮮明，都是他在感到幸福快樂時，情感迸發出來之後的一種結果。要是我們稍微看一下帕爾格雷夫（Palgrave）的《黃金寶藏》（*The Golden Treasury*）的最後一些段落，就可以知道，雪萊的這些詩歌，在我們的文學寶庫裡占據著多麼重要的地位。

1月之後，雪萊在比薩的生活圈子裡，又增加了一位最重要的成員。此人就是愛德華·約翰·特里洛尼上尉。除了霍格與雪萊夫人之外，任何研究雪萊人生的人，都必須要感謝特里洛尼對雪萊的日常生活所做的精確細緻的紀錄。特里洛尼在世界各地過著自由的生活，遠離文學圈子以及城市的

社交活動，感受到了現實生活中最嚴肅的事實，這也鍛鍊了他的自力更生以及體格。因此，雪萊給他留下的印象，會被很多人視為，特里洛尼將雪萊當成了人類中一個病態之人的標本去進行研究。雪萊本性中的童真，讓他從這位新朋友感覺到，他是一個比拜倫爵士更加真實的人。「要想對他所創作的詩歌有一個真實客觀的理解，你就必須要觀察他的日常生活。他的語言以及行動都能最好地闡述他的創作。」「憤世嫉俗的拜倫承認，雪萊是他所認識的人當中，最有能力與最優秀的詩人。事實上，相比於拜倫，雪萊對萬物的喜愛之情都要更勝一籌。」「我見過雪萊與拜倫在社交場合下的表現，他們之間的反差就與他們的品格一樣強烈。雪萊很少會想到自己，因此在自家的時候會感到更加自在，也不會錯過與每個他所認識的人交流，並願意與每個想要跟他說話的人交流，而根本不會理會此人的地位、衣著或是談吐。」「每個與他交流的人，都能夠感受到他那簡樸與認真的舉止所帶來的魅力：甚至連拜倫都認為，雪萊是一個缺乏自我主義、學究氣的詩人，並且超過了其他的所有詩人。」「雪萊的心智活動是具有感染力的，他會讓你大腦處於一種活躍的狀態。」「他始終都表現出認真的態度。」「他從來不會放下手上的書與那根充滿魔力的權杖。他想要揮舞這樣的權杖。而拜倫在稍微表現出一絲反抗之後，就會沉默地站在一旁……雪萊的認真態度與客觀的評論，讓他也被成功說服了。」特里洛尼的這

些紀錄以及其他人的紀錄，可以證明，雖然特里洛尼是一位
有點憤世嫉俗的人，但他不會說出毫無根據的話語，也反感
任何單一信仰的做法，因此他對雪萊這位「充滿夢境的吟遊
詩人」表達了毫無保留的敬意──「他的舉止給人不同尋常
的尷尬情感，」正如特里洛尼所說的──雪萊是一位糟糕的
騎手與糟糕的水手──「為人過分敏感，」並且「始終都在
沉浸在個人的思想當中，人們在白天看到他的機率，要比看
到一位寄宿女生的機率還要低。」雪萊是一個忠誠於自己的
人，為人簡樸、柔和，有著像獅子的勇氣。「他是一個坦率
與直接的人，就像一個無拘無束的男孩，有著良好的教養，
充分考慮到別人的利益。這一切都因為他是一個缺乏自私與
虛榮情感的人。在雪萊這位沒有偏見的朋友特里洛尼看來，
與雪萊相處幾個月，就發現了第歐根尼（Diogenes）一直想要
找尋，卻苦苦找尋不到的東西──一個真正的人。

　　雪萊與特里洛尼第一次見面的場景，必須要用特里洛尼
的話來說──他的這段紀錄讓他可以獲得像雪萊一樣不朽的
名聲。「威廉姆斯姐妹非常熱情與真誠地歡迎我。我們為進
行真誠的交流而感到高興。我們聊天的聲音比較大。當時，
我感覺到在一扇敞開大門的通道，正對著我的位置上，有人
用一雙閃爍著光芒的眼睛注視著我。當時的天色很暗，我無
法看清楚這到底是誰。威廉姆斯有著女性特有的敏感，她的
眼睛也隨著我的方向看過去。於是，她走到門口，笑著說：

『進來吧，雪萊。我們的朋友特里洛尼剛剛過來。』雪萊迅速站起身，像一個女孩那樣紅著臉。他是一個高瘦的年輕人，伸出自己的雙手。當我看到著他那張女性化、毫無藝術氣質的紅臉時，我無法想像他就是著名的詩人。於是，我也向他致以熱烈的問候。在日常的寒暄之後，雪萊坐下來，認真地聆聽。我則因為震驚而陷入了沉默：難道這位看上去隨和，臉上沒有鬍鬚的年輕人，真的是那個勇於與這個世界作對的人嗎？他遭到了教會革名，被英國法官的判決剝奪了撫養孩子的權利，被自己的每個家人所拋棄，並且我們這個時代文學界的很多權威稱為魔鬼學派的代言人？我無法相信這一切。這肯定是一個騙局。雪萊的行為舉止就像一個男孩，穿著一件黑色的夾克與一條黑色的褲子。這身裝扮讓雪萊看上去更加消瘦了，或是他的裁縫故意給他製作了這樣的衣服。威廉姆斯看出了我的處境很尷尬，於是就詢問雪萊手上拿著什麼書，來為我解困。聽到這個問題之後，雪萊的臉上馬上透出了光芒，他迅速地回答說：『這是卡爾德隆的 Magico Prodigioso（《神奇的魔術師》）—— 我想要翻譯其中的一些段落。』」

「哦，給我們念一段聽聽。」

「日常社交活動的事情是很難打動他的。因為當有人提出了一件讓他感興趣的事情，他就會立即投入其中，眼裡只有他手上的書，而忘記了其他的一切。雪萊對這本書作者所表

現出來的才華，他對整個故事的流暢解讀，以及他將那位西班牙詩人原本那些最微妙與最富想像力的段落，非常從容地翻譯出來。雪萊對兩種語言如此嫻熟的掌握，是讓人感到驚訝的。在對他的才華有了初步了解之後，我不再懷疑他是否為真正的雪萊了。在度過了最初的沉默之後，我抬起頭，問道：『他在哪裡呢？』」

「威廉姆斯小姐說：『誰？雪萊嗎？』哦，他就像一個精靈那樣來去無蹤，沒有人知道他什麼時候會離開，也不知道他會去哪裡。」

發生在 1821-22 年冬季的兩件小事是值得記錄的。12 月初，一個在盧卡（Lucca）地區侮辱了主人的年輕人被判了火刑的消息傳到了比薩。雪萊立即提出建議，所有在義大利的英國人，包括他本人、拜倫、梅德溫以及他的朋友塔夫都應該立即武裝起來，想辦法去營救此人。雪萊的這個想法立即吸引了拜倫的興趣。他們同意，在使用武力之前，不要嘗試唐吉訶德那樣的舉動。當他們聽到此人的刑罰減為做苦工之後，他們的興奮之情馬上冷靜下來了。還有其他事情，也讓他們與托斯卡尼（Toscana）地區的警察的關係不是那麼好。3 月某天下午，他們一行人騎馬回家。此時，一個全副武裝的人直接衝過來，打亂了我們的隊伍，並將塔夫直接掀翻在地。拜倫與雪萊馬上騎馬追趕上前，與他們進行爭論。但是，騎馬的人拿出軍刀作勢要攻擊雪萊。他們幾個英國人接

著馬上趕回比薩，雪萊的一位僕人甚至煞有介事地拿出了乾草叉，最後重傷了那個傢伙。因為他們當時的想法是，有必要在這件事情上為雪萊出頭。雪萊將整件事稱為「一件非常瑣碎的事情。」但是，政府當局則以非常嚴肅的態度調查了整件事，最後發現都是那個全副武裝的人的過錯。為了避風頭，拜倫回到了萊格霍恩暫時居住了一個季度。這件事造成的另一個後果，就是甘巴公爵以及他來自托斯卡尼地區的父親都遭到了驅逐，這也最終導致了拜倫離開了比薩。

　　雪萊平常的生活，並不會因為這樣的事件而受到打斷。特里洛尼也記錄了雪萊是如何度過每一天的：雪萊「一般在早上六點到七點鐘起床，一邊吃著乾麵包，一邊閱讀柏拉圖、索福克勒斯或是斯賓諾莎等人的作品。之後，他會與威廉姆斯女士一起乘坐一艘平底小船前往亞諾。在此期間，他的手上始終都拿著書。在抵達亞諾之後，他就會前往松樹林或是某些偏僻的地方進行閱讀。比薩這座城市近海岸沼澤地的一大片石頭松林，是他最喜歡的閱讀地方。特里洛尼告訴我們，他經常發現雪萊整天都是獨自一人，至於他獨處的時候處於什麼樣的狀態，可以從他那首《阿里埃勒，給米蘭達》的著名抒情詩的手稿裡看出來。」「那些手稿的文字非常潦草，很多文字都被他用手指給抹去了，然後在抹掉的文字上面繼續寫字。整個手稿『看上去比較潦草，卻又可以閱讀。』」也許，這是雪萊對蘆葦叢外面的沼澤地進行描述的文字，並

且還提到了野鴨。像雪萊這樣自負的藝術家，匆忙寫成的潦草文字，也能夠展現出他的天才。當我跟他談論起這件事的時候，他回答說：『當我的大腦在思考著某些思想的時候，就會像一鍋煮沸的熱水，腦海裡呈現出來的畫面與言語，要比我過濾的速度更快一些。第二天早上，當我的大腦冷靜下來之後，就可以從你所說的那些粗糙的描述裡感受之前的想法，然後再進行一番描述。』」

　　每天前去拜訪拜倫的行為，讓他的生活增添了幾分色彩。相比於他的其他朋友，拜倫在與雪萊進行交流的時候，要顯得更加理智。當拜倫開始說一些八卦的時候，雪萊就會不自覺地回歸到個人的想法世界裡。之後，他們會進行射擊。拜倫那雙顫抖的手，與雪萊那雙堅定的手形成了鮮明的對比。他們剛剛發明了用於描述射擊的一套術語：射擊被稱為「tiring」，擊中被稱為「colping」，而沒有擊中則被稱為「mancating」。事實上，這是屬於義大利的一套文字。在比薩的朋友圈子裡，雪萊獲得了兩個暱稱，這兩個暱稱都具有高度的描述性，分別是「阿里埃勒」與「蛇」。後面的這個暱稱更加適合他，因為他在走動的時候不會發出任何聲音，有著一雙明亮的眼睛，以及不食人間煙火的「飲食」。關於這個暱稱，是拜倫在他們一起閱讀《浮士德》的時候，給雪萊起的。當雪萊讀到關於梅菲斯特（Mephisto）（歌德《浮士德》作品裡的魔鬼）的那一段時，「我的姑姑，那條著名的蛇」，拜倫馬上

說，「那你就是她的姪子。」雪萊對於拜倫起的這個暱稱，也絲毫沒有埋怨什麼。事實上，他在所寫的信件裡就談到過這件事，並在上面所引述的一首詩歌裡，也談到過。

在特里洛尼來到比薩之後，雪萊一群人將心思都放到了航海方面上。之前，雪萊已經與威廉姆斯在亞諾與塞爾基奧河（Serchio River）上划了很多次船了，有一次甚至因為划船技術不行，讓船傾覆過來，差點丟了性命。現在，他們決定建造一艘更大的遊船，用於出海航行。此時，雖然拜倫也想著在拉斯佩齊亞灣（Gulf of La Spezia）建造一座夏日住所，但他同樣想著要建造一艘大船。根據雪萊的想法，他想要建造一艘有風帆的無甲板船，而拜倫則想要建造一艘有分層的龐大縱帆船。他們都將造船的事情，按照特里洛尼的朋友羅伯特船長的指引，委託給了熱那亞的一位造船主。這就是拜倫後來創作出《唐璜》的根本原因，這也導致了雪萊與威廉姆斯雙雙喪命。在拜倫乘船前往希臘之前，就乘坐玻利瓦爾號輪船來到了熱那亞。拜倫允許羅伯特船長按照他的想法去建造船隻，但雪萊與威廉姆斯則一心想著要建造出一艘小遊艇。在羅伯特船長看來，這樣的小遊艇是根本不適合出海航行的。威廉姆斯對羅伯特船長的建議置之不理，而拜倫的唐璜號輪船則按照他的意願去建造。「當這艘船完成的時候，」特里洛尼說，「使用兩噸重的壓艙鐵塊，去做輪船的承軸。這艘輪船遇到海風的時候，就會發出怪異的響聲，雖然船寬

還是足夠的。這艘船的速度很快，船身穩固，並且裝配有風帆。」拜倫爵士對這艘船進行了命名，雖然雪萊並不怎麼贊同這個名字。一位的英國水手查爾斯·維維安，與威廉姆斯以及雪萊一起上船。特里洛尼說：「看到威廉姆斯教導雪萊如何划船以及其他航海的技術時，這是非常有趣的。通常來說，雪萊手上都會拿著一本書，一邊閱讀，一邊划船。閱讀是屬於心智方面的，而划船則屬於機械方面的。」「那位水手顯得比較熟練，習慣了開船。威廉姆斯要比我想像中開得更好，但顯得有點緊張，缺乏章法。這會讓人在緊急情況下帶來一些隱患。雪萊則忙著欣賞不斷變化的海天景色，他根本不在乎是怎麼開船的。」

第七章
最後歲月

隨著春天的到來，比薩這座城市的氣溫越來越高，讓
人感到很不舒服。早在 4 月初，特里洛尼與威廉姆斯就乘
坐馬車，前往拉斯佩齊亞灣附近找一個適合他們與雪萊居
住的地方。他們最後決定在一個名叫馬尼別墅的房子住了
下來。這座房子位於萊里奇與聖特倫奇奧之間，「看上去更
像一艘船或是沐浴的地方，而不像一個可以居住的地方。
這間房子包括一個梯臺或是一個沒有鋪磚的底層，這是用
來存放船具或是釣魚用具的。在一層的房子裡，分為一個
大廳以及四間小房子，這些房子需要再次進行粉刷。這裡
有一條煙囪，可以在這裡煮飯。我們認為，雪萊會在這個
地方度過整個夏天。這裡的唯一好處，就是有一個面向大
海的陽臺，可以將整個海面都收入眼底。」在他們入住之
後，中間的大廳則成為了他們一行人生活與吃飯的地方。
雪萊夫婦居住在兩個相對的房間，威廉姆斯則居住在剩下
的一個房間，而特里洛尼住在最後一個房間。要想走到這
些房間，必須要經過大廳。這樣的房間布局也造成了一件
有趣的事情。某次，雪萊在外面沐浴的時候，丟掉了衣
服，因此他只能在不被其他人發現的情況下，赤身裸體地
穿過很多人聚在一起吃午飯的客廳。但是，當一些女士看
到雪萊突然的出現，感到非常驚訝。雪萊對此做出的一番
純真的自我辯護，後來特里洛尼對此進行了一番精彩的描
述。在這裡的生活可以說是非常簡單的。要想獲得食物，

這並不是一件容易的事情，而這裡也沒有什麼家具。按照特里洛尼簡潔的紀錄，整個大海就是他們唯一洗盤。

他們在 4 月 26 日抵達馬尼別墅，然後開始了一段平靜的生活，直到 7 月 8 日發生的那一次災難。在這裡生活的幾週時間裡，從很多方面來看，都可以說是雪萊人生中最快樂的時候。在雪萊人生最後階段所寫的、由加內特最近編輯出來的一些信件來看，此時的雪萊意識到了，他已經來到了一個應該對過去所取得的成就進行一番總結的階段，然後在此基礎上，以更冷靜或是平衡的方式去將他過去三年在義大利生活期間所累積的感悟充分表達出來。與此同時，「我滿足於，」雪萊這樣寫道，「如果上天對於逝去的時刻感到滿足的話。」此時，雪萊所感受到的平靜感是充分的，根本沒有感受到任何可能出現的危險所帶來的壓迫感。可以說，這就是暴風雨來臨之前的平靜。這個時候，雪萊遠離了那個他所厭惡的複雜世界，在這樣一個有著無法形容美感的地方，與那些剛剛脫離了野蠻狀態的人一起生活，感受到這些人所表現出來的那種原始的快樂。雪萊非常喜歡這裡的人所表現出來的那種堅忍不拔精神。他與當地人的相處是非常真誠的，與他們打成一片。白天，雪萊會與威廉姆斯乘船在河裡划行，或是駕駛著一艘搖晃的小船獨自出去，進行一番沉思。他的小船有時會漂浮在岸邊的小河上，有時則會漂浮在海面上，等待著吹向陸地的風將他帶回家。每個晚上，雪萊都是在平

臺上度過的，聆聽著珍妮彈奏的吉他，與特里洛尼進行交流，或是面對著眾人大聲朗讀他最喜歡的詩歌的作品。

在這種愉悅的孤獨生活中，這種簡單的日常生活，這種與自然之間毫無阻隔的交流的情況下，雪萊的熱情以及創作的靈感，讓他恢復了往日的活力。雪萊開始創作詩歌。如果按照我們現在所掌握到的一些殘存稿子去判斷的話，這可能是雪萊創作出的最長詩歌之一，但絕對是他傑出的作品。在〈人生的勝利〉這首詩歌裡，雪萊並沒有加入任何對這個世界的讚美之情，將所有不馴服的精神都制服了，透過盲目的激情以及無節制的想法，奴役著最高尚的人。這是一種用鏈條將精神束縛在一起的盛會，讓我們的肉身以及惡魔都成為了這個世界的奴隸。詩歌裡面的三行詩節所具有的那種激烈的旋律以及表現出來的狂暴情感，都會以眾多的形式呈現出來，展現出行進聖歌的魅力，同時以自身的踐踏行為去驅散所有的迷霧。這讓整首詩歌彷彿籠罩在蒼白的光芒中，強烈地影響著我們的想像力，以至於讓我們放棄任何的批判，只是意識到這首莊重神祕詩歌裡所展現出來對惡魔的幻想。一些讀者甚至將《人生的勝利》比喻為一場泛雅典娜節的盛會：其他人則認為，這首詩歌表現出炎熱夏日、光芒四射的大海以及起伏波動的海浪的畫面。在雪萊創作時，這些都是他內心的本來想法。但丁所提倡的意象，在其中占據著一部分內容，但丁也控制了整個詩歌的結構。改革的天才們逝去了：

拿破崙[21]還在這裡，盧梭[22]可以成為引路人。每個時代的偉人都遭受到了責難，世界的精神充分展現在我們眼前。當所有的英雄逝去之後，就會顯露出他們的臉龐，最後淹沒在芸芸眾生當中。但是，雪萊想要透過一種莊嚴的哲學思想，去解決這些展現出來的不和諧，這是要以比但丁來得更加震撼人心的方式，去解決他所提出的這些問題。但是，至於實際效果如何，我們是無法去猜想的。正如我們所看到的，雪萊的詩歌一開始就直接地表示：「什麼是人生？我要大聲地問道。」── 這是一句極富意義的句子。當我們記得，提出問題的人，此時正準備在死亡的神殿裡找尋著答案。

要是將任何一首詩歌的某一句話割裂出來，然後宣稱這代表著音律的連續，或是想像性畫面的持續，這都是非常錯誤的做法。但是，這樣的做法是必須要嘗試一番的。因為雪萊是唯一一位成功地完成三行詩節這一艱鉅任務的英國詩人。他在掌控複雜的詩律方面所表現出來的才華，只有在我們注意到他在處理詩歌結構時所採用的方法時，才能深刻感受到他的文學天才。甚至就連在義大利文學裡，也只有但丁

---

[21]　拿破崙·波拿巴（Napoleon，1769-1821），法國軍事家、政治家與法學家，在法國大革命末期和法國大革命戰爭中達到權力巔峰。

[22]　讓-雅克·盧梭（Jean-Jacques Rousseau，1712-1778），啟蒙時代的瑞士裔法國思想家、哲學家、政治理論家和作曲家，與伏爾泰、孟德斯鳩合稱「法蘭西啟蒙運動三劍客」。盧梭所寫的論文《科學與藝術的進步對改良風俗是否有益》及《論人類不平等的起源與基礎》對哲學的發展極為重要；其《社會契約論》中所論述的人民主權及民主政治哲學思想的深遠影響可見於近代的啟蒙運動、法國大革命以至現代的政治、哲學還有教育思想。

才能很好地做到這點。節選《人生的勝利》這首詩歌的引言
與第一段的部分內容,不會影響到我們對這首詩歌的整個看
法。這樣做肯定要比單純分開某些段落來的更好。

> 正如一種迅速完成任務的精神,
>
> 充滿著榮耀與美好,陽光照射下來,
>
> 為他的燦爛而歡欣。
>
> 黑暗的面具籠罩在喚醒的土地上,
>
> 高山積雪與無煙的祭臺上,
>
> 形成一道鮮紅的雲層。
>
> 在光芒誕生的那個時刻,大海的祈禱出現了,
>
> 鳥兒在晨禱的聲音中搏擊著天空。
>
> 田野與森林所有的花朵都綻放了。
>
> 面對著陽光的親吻,他們的眼瞼顫抖著,
>
> 將他們的香爐搖擺起來,
>
> 朝東飄去的香氣形成了一道全新的景色。
>
> 緩慢而持續的燃燒,
>
> 散發的香氣對著微笑的空氣嘆息。
>
> 在不知不覺中,傳遍了整個大陸。
>
> 島嶼、海洋以及所有處在其中的東西,
>
> 構成了凡人應有的形態與品格,
>
> 就像他們的父輩那樣,迎接著陽光前進。

他們承受著屬於自身的辛勞，

他仍然保留著過去的習慣，必須要接受強加給他的東西。

但是，我的思想仍然沒有告訴任何人。

就像星星那樣始終保持清醒，

閃耀在夜晚的天空上。此時，他們都已經沉睡了。

在久遠的血統傳承過程中，緩緩地伸展我那屏弱的四肢。

那匹栗色馬橫跨過了

茫茫綠色的亞平寧草原，在夜晚逃離之前，

我將目光留在身後。

我的雙腳深陷其中，天國在我的頭頂上，

當一陣恍惚掠過我的幻想世界裡，

沉睡時間已經過去了，

因為傳播出去的陰影是那麼地廣泛，整個場景是那麼地清晰。

當夜晚的山丘像一層帷幕那樣升高之後，光芒照耀大地。

它們閃耀著光輝。

我知道，我感受到了清晨的清新空氣，

我的眉毛與頭髮都沐浴在清冷的露水裡。

我獨自坐在草地的斜坡上。

在相同的一棵樹上，我聽到了

小鳥、噴泉與海洋的聲音，

在讓人迷戀的空氣中，美妙的聲音就像音樂，

進入了我的腦海。

　　這是雪萊為這首詩歌所寫的緒論。我們應該注意到，在這個時候，雪萊就對詩歌裡面的內容進行了一番概括。《人生的勝利》本身就是以一系列的旋律開始的，描述了在接下來前奏裡面所展現出來的畫面。對於那些對三行詩節不了解的讀者來說，這可能是有點費解的。在這首詩歌裡，雪萊用不同的旋律與音節的變化，製造了一個複雜的迷宮，讓人感到困惑。讀者需要在雪萊的夢境中游泳，才能真正感受到那些被水草所阻擋的迅疾河流。雪萊在情感的表達方面是非常自然的，似乎不費任何力氣。當我們越過了這道障礙之後，就能充分感受到雪萊那神奇的想像力。

　　我躺下來，進入了一個充滿神奇思想的恍惚時刻，

　　這是我在甦醒的夢境中所感受到的內容：

　　我想，我可能坐在一條大道旁邊。

　　夏日的灰塵濃密地堆積著，

　　人流就像小溪那樣川流不息，

　　嗡嗡的蚊子在夜晚的光芒上飛舞。

萬物都是如此地匆忙，但似乎沒人知道，

他到底要前去哪裡，或是他來自哪裡，

或是他為什麼要成為人群中的一人。

或是，他是否就出生於人群之中，正如在整個天宇下，

夏日的數百萬片樹葉中的一片。

無論是老年人，青年人，成年人還是嬰兒。

融入了一道威力滾滾的洪流，

一些人從他們所恐懼的事情中逃離了，

一些人則想著讓別人感到恐懼。

還有一些人，正邁著通向墳墓的腳步，

就像被踩在腳下的蠕蟲在匍匐前進，

還有一些人在苦悶中哀嘆。

在他們的陰影中慢慢走路，並將這稱為死神。

一些人將其視為鬼魂，馬上逃離了。

在微弱的呼吸之中，一切都變得那麼孱弱。

但是，每個人都在走動著，

追尋著雲層灑落下來的陰影，

或是聽到中午時分鳥的叫聲。

在這條道路上，鮮花不會盛開，

徒勞的努力讓人睏倦，讓人因為口渴而暈倒。

他們聽不到清泉的聲響，那優美的旋律

就從苔蘚下面流淌著。

他們也感受不到森林裡吹過來的微風，

在長滿青草的小徑上，在林間交錯的道路上，

聳立著參天的榆樹，還有冰冷的洞穴，

岸邊的紫羅蘭正在醞釀一個美妙的夢境 —— 但是

他們就像老人那樣，認真地追尋著一個愚蠢的結果。

讓我們打破上面引述的不押韻的詩歌所形成的韻律結構吧，轉而去關注雪萊將這些韻律融入在一個段落裡所表現出來的能力，並且關注反覆出現的聲音所形成的效果。這可以在同一時間，讓我們的眼睛看到不斷累積的畫面。接下來的十一句三連音可以將這表現出來的盛會展現出來。研究佩脫拉克（Petrarca）《三部曲》的人肯定會注意到，雪萊也是從佩脫拉克這裡得到了一些靈感。這可以讓我們感受到，雪萊是如何將中世紀那些明確的意象轉變為形而上學或是神祕主義的東西。

當我看著遠處，心想著那裡的人越來越多，

正如六月的森林，在南風的吹拂下，

不停地搖晃著行將遠去的白天。

一團冰冷的火焰，要比中午的烈日更加強烈。

但刺骨的冰冷，被炫目的光芒所遮蔽。

無論是太陽還是星星都看不見了，就像初生的月亮，

在夜晚盡頭的曙光，

他那白色的身軀在深紅色的空氣中顫抖，

而沉睡的風暴正慢慢累積能量。

正如即將到來的傳令官，

忍受著死去母親的鬼魂，她那微弱的身影，

融進了她童年時期那張黑暗中的椅子。

二輪戰車出現在這場平靜的風暴中，

展現出了閃耀的光芒，其形狀

彷彿多年前出現的變形一樣。

在微暗的頭巾與雙層披肩卜由，

蜷縮在一座墳墓的陰影之下，

越過了像烏雲般的黑色喪章。

暗褐色的飄渺陰鬱情感，

正在磨練著光芒。在二輪戰車的橫梁下，

兩面神的陰影呈現出來了。

在那個充滿神奇翅膀團隊的指引下，

在厚重的光芒下，所展現出來的形狀

已經慢慢消失了：我只能聽到空氣中那輕柔的流水聲。

他們那不斷移動的翅膀所帶來的音樂，

二輪戰車上所有人的臉龐，

都閉上了眼睛。

> 戰車的速度無法帶來什麼，無法看到後面發生的事情，
>
> 也無法利用橫梁去遮蔽陽光，
>
> 或是睜開的眼睛也無法穿透一切。
>
> 在所有完成的東西中，都會變得越來越好。
>
> 耳朵無法聽到外面的聲音 —— 但是，
>
> 這會以神奇的速度慢慢地前進。

雪萊大腦中那種強烈的想像力，可以從他的詩歌創作看出來。在馬尼別墅孤獨的生活，義大利炎熱的氣候帶來他的激情，都帶給他的創作豐富的土壤，讓他的神經要比以往任何一個時候都更具活力。此時，雪萊的夢遊病再次發作了，他也能看到一些幻象。在某個場合，他認為死去的愛蘭歌娜從海面上升起來，然後鼓著掌，對著他大聲笑著，似乎在召喚著他。在另一個場合，雪萊半夜醒來，大聲尖叫，因自己所夢到的可怕場景而渾身發抖。從某種程度上來說，雪萊也會將這樣的情緒傳遞給他的朋友。其中一位朋友後來說，她認為雪萊所看到的只是自己幻想出來的東西。而另一個朋友則表示，雪萊夢到自己已經死去了。他們經常會談論關於死亡的話題。值得注意的是，珍妮寫給雪萊的最後一些話是這樣的：「你即將前去與你的朋友柏拉圖相聚嗎？」

利亞・亨特終於來到了熱那亞，之後他們一行人乘船前往萊格霍恩。雪萊在 6 月 20 日聽到這個消息。他立即準備前

往那裡，與他們會合。7 月 1 日，雪萊與威廉姆斯乘坐唐璜號輪船前往萊格霍恩，下船之後馬上與他的老朋友見面。利亞‧亨特在他的自傳裡這樣寫道：「我不願意詳細談論那個時刻。」從萊格霍恩出發，雪萊與亨特一起乘坐馬車前往比薩，然後住在了拜倫宮殿裡的一間宮殿裡，這個地方非常舒適，與拜倫的爵士地位是相稱的。之前讓亨特前往義大利的一些商量，讓雪萊產生了一種預感，那就是他會得到拜倫爵士的接待，而他的想法也最終印證了。特里洛尼曾說，雪萊發現，「一個男人擁有一位體弱多病的妻子，還有七個不健康的孩子，」這讓人感到多麼難受。拜倫對亨特女士表現出野蠻的態度，他無法容忍她那位志得意滿的丈夫。因為在拜倫看來，亨特在文學的世界裡已經行進得很遠了，從未丟掉倫敦人的派頭。亨特本人也從未真正了解雪萊所表現出來的寬容大度，雖然他始終都熱愛著他。無私優秀的雪萊所表現出來的那種孤獨，與亨特所表現出來的無傷大雅的自負，這都是非常可悲的。他們一起度過了愉快的一天。雪萊帶著亨特參觀了比薩公墓以及其他的景點。亨特認為，雪萊要比之前對人生更加地絕望，但他的健康與心智精神都得到了提升。關於他們之間最後的對話，還是有必要在此引述一下的：「在比薩的大教堂，他用熱情的口吻贊同了我所表達的一個觀點。當時，風琴在吹奏，一種真正的神性宗教尚未完全建立起來。如果仁慈，而不是信念是成立一種宗教的基礎的話。」

在當天晚上，雪萊乘坐驛遞馬車前往萊格霍恩。第二天下午，他就與威廉姆斯乘船出海，準備返回萊里奇。那位見習水手查爾斯·維維安是他們唯一的同伴。特里洛尼此時待在停靠在萊格霍恩港口的玻利瓦爾號船上，看著他們離開。當天氣溫炎熱，有點乾燥。「牧師與教士過去好幾天都在舉行宗教活動，祈禱天會下雨。」在威廉姆斯最後所寫的日記也有這樣的內容「可能，上天要麼感到憤怒，要麼就是大自然的威力太強大了。」當唐璜號出海之後，特里洛尼的一位熱那亞朋友看到，他們應該在凌晨三點鐘出發，而不是在下午三點鐘出發的，並且表示「魔鬼正在醞釀著憤怒。」之後，海面上出現了一陣海霧，讓他們看不見唐璜號的身影。這是一個讓人感到壓抑的悶熱下午。特里洛尼回到他的船上，進入了夢鄉。但沒過多久，就被港口上其他正準備收起風帆的船員發出的噪音所吵醒。沒過多久，一場暴風雨從天而降，霎時間整個天空電閃雷鳴。整個過程持續的時間不會超過二十分鐘。等暴風雨停歇之後，特里洛尼朝海面看，焦急地搜尋著雪萊的那艘船。但是，他根本沒有看到唐璜號，也沒有聽到關於這艘船的消息。事實上，特里洛尼當時無法完全確定唐璜號已經遭遇了海難，或是因為暴風雨的原因而導致傾覆沉入大海。

　　在這場暴風雨過去的第三天的早上，特里洛尼乘坐馬車前往比薩，將他內心擔心的事情告訴了亨特。「接著，我馬

上上樓梯去見拜倫爵士。當我告訴了他這個消息，他的嘴唇顫抖了一下，他的聲音變得沙啞起來。接著，他要求去找一些人搜尋海岸那邊的情況，並讓玻利瓦爾號船隻從萊格霍恩出發去找尋。特里洛尼親自騎馬前往雷吉奧，發現了一艘平底船，發現裡面只剩下一些瓶子，這就是雪萊出發時所乘坐的那艘船。一週過去了，特里洛尼在海岸邊與海岸警衛隊隊員們一起找尋，但卻沒有什麼全新的發現。直到最後，兩具屍體被沖刷到了岸邊。7 月 18 日，在維亞雷礁（Viareggio」附近的地方，發現了雪萊的屍體。在雪萊的夾克裡，『還放著埃斯庫羅斯的一本書，另一個口袋裡則放著濟慈的一本詩集。如果讀者在遇到那樣的情況時，肯定會想辦法將其扔掉的。』而在四里之外的米格利亞林塔樓的沙灘上，則發現了威廉姆斯的屍體。那位見習水手查爾斯・維維安，雖然也在 7 月 18 日在馬薩海灘上被發現了，但特里洛尼直到 29 日才聽到這個消息。」

此時，只能將這個可怕的事實告訴兩位失去丈夫的寡婦。在等待期間，她們在馬尼別墅每天的生活，都是在絕望與希望之中變換。告訴她們這個噩耗的工作，交給了特里洛尼去完成，而他也忠實地完成了。「第二天，我就說服了她們，」特里洛尼說，「跟著我一起回到比薩。當晚的悲傷與第二天這趟行程，以及接下來很多的晚上，我都無法去言語去描述，也無法忘懷。最後，大家一致決定，他們將會把雪

萊埋葬在他的朋友濟慈與他的兒子威廉姆斯的墓地附近。而威廉姆斯女士的遺體將被運送會英國。但是，在這之前，威廉姆斯的遺體必須要火化。特里洛尼得到了這方面的允許之後，就向在佛羅倫斯的英國領事館進行申請，在經過一番艱難的談判之後，領事館最終同意了。

接下來，我們要說的是，雪萊遺體的火化在 8 月 6 日舉行，關於這場儀式只能用特里洛尼的話來說。而威廉姆斯女士的遺體，在前一天就已經火化了。

「三根木杖插在沙子上，用來代表雪萊的墳墓。但是，因為這些木杖彼此間都有一定的距離，我們只能挖出一條長達三十碼的溝渠，然後插好這些木杖，用來確認其中的位置。在我們花了一個小時，才來到這個墳墓。

「與此同時，拜倫與利亞・亨特也乘坐馬車過來了，隨行過來的還有一些士兵以及一些衛生官員。我們處在這樣一個孤獨而又莊嚴的場景下，這與雪萊生前表現出來的天才是完全吻合的。我甚至可以想像，雪萊的靈魂就在我們的頭頂上飛過。整個大海，以及附近的高爾格納島、卡普拉加島乃至厄爾巴島，都在我們的視線範圍內。過去那座用於防禦的塔樓也沿著海岸線的一端，身後就是在陽光照射下反射著光芒，堆滿大理石的亞平寧（Appennini」。這裡的輪廓是如此地美麗，眼睛所見之處不見任何一個人。

「當我思考著，雪萊生前在欣賞著如此充滿孤獨而莊嚴的景色時，會有怎樣的喜悅情感時，我感覺我們就像一群狼或是一群野狗，正在將埋在沙子下面的雪萊屍體挖出來一樣。但是，死人是不會發出聲音的，我也無法去阻止他們這樣的行為——整個葬禮儀式都是在安靜的氣氛下進行的，沒人說一句話。因為義大利人是一個情感豐富的民族，因此他們的情感很容易轉變成一種憐憫心。拜倫也陷入了沉默與思考。對於雪萊突然之間離開了這個世界的事實，我們彷彿都遭受了當頭一棒，感覺非常沉悶與不知所措。在點燃大火之後，我們重複著前一天的儀式。更多的木柴堆積在雪萊的屍體上。點燃的油狀液體與鹽類物質發出了黃色的火焰，火焰在微風中搖曳。陽光與火焰發出的熱量是那麼地強烈，整個空氣彷彿都彷彿變成了波浪，不停地顫抖——火焰是那麼地猛烈，以至於讓鐵類物質都發出的白色的光芒，最後被燒成了灰色的灰燼。唯一沒有被燒毀的部分，就是骨頭、下巴了。但讓我們所有人都感到驚訝的是，雪萊的心臟部位竟然還沒有被燒完。誰要想從這個火堆裡找出一些東西的話，雙手肯定會嚴重燒傷的。要是任何人看到我這樣做了，那麼我肯定會被送去隔離觀察的。」

雪萊的心臟部位交給了亨特，亨特之後理所當然地將這個東西交給了雪萊夫人。現在，這個東西放在了博斯庫姆。雪萊的骨灰則由特里洛尼帶到了羅馬，埋葬在新教公墓裡。

在特洛里尼寫給皮科克的一封感人信件裡，就曾描述了當時的場景。亨特為雪萊所撰寫的墓碑是「珀西‧比希‧雪萊，1792 － 1822」特里洛尼後來加入了雪萊那首《阿里埃勒》詩歌裡的內容的三句詩，這首詩歌也是雪萊非常喜歡的：

他的一切都不會消失，

卻遭遇了大海的變化，

最後變成了更加美好與奇妙的東西。

雪萊夫人寫道：「就是這樣。大海吞噬了一位如此偉大的詩人，一位更加偉大的慈善主義者。他那狂野的精神品格，似乎也只能讓他的生命在這種夾雜著美感與恐怖的環境下喪失。但是，他的人生力量仍然存在於清泉裡，歲月不會讓他那空靈的肉身腐朽，他的心靈也是大火所無法燒毀的。」

第八章

結語

一番思考之後，我決定在結語部分以敘述，而不是論文的方式去談論一下雪萊。我之所以這樣做，主要是有一個重要的考量。雪萊的人生以及他的詩歌作品都是不可分割的。雪萊的一切行為，都是根據他的思想以及他的感受去做的。這在所有詩人當中，是比較罕見的。在雪萊的作品中，除了《欽契一家》之外，其他的詩歌作品基本上都表達了他對人生的積極思考以及願望。除此之外，雪萊的人生「就是一個長達三十年的奇蹟」。在他的「這個奇蹟」裡，發生了太多讓人震驚的事件，他也感受到了不同的人生體驗。正如他所說的，他短暫的一生所經歷的事情，甚至要超過他的父親，因此他的人生經驗實際上已經有了九十歲之人的體驗了。在經歷了人生的各種磨難之後，他仍然存著年少時期的情況。最後，他就像眾神所喜歡的一個人，或是古希臘故事裡的主角那樣，英年早逝了。因此，我們必須要對雪萊的人生經歷進行一番梳理，才能更好地對他的人生作品進行準確的評價：雖然雪萊的作品非常偉大，但他這個人卻要比他的作品更加偉大。雖然他的作品非常高尚，但關於他的記憶則更加高尚。

　　雪萊向世人呈現出來一種罕見的場景：一個狂熱追求真理的人，一個毫無保留地順從正義的人的形象。他表現出很多讓常人覺得匪夷所思的行為，最終讓他的一些現實想法失敗了，也正因為如此。雪萊所追求的正義，在很多時候都是與當時民眾追求的道德感處在對立面：他想要去偽存真，他

想要超越謹小慎微所形成的面具。雪萊對道德與社會理論的那種純粹與認真的追求，在當時的人看來是有害的。在很多人看來，相比於他所創作的詩歌，他個人的行為顯得更加古怪。因此，我們也自然地看到，在雪萊所生活的時代，很多人都認為有必要去反對他所提出的理論。不過，雪萊已經步入了歷史上那些偉大人物的行列，時間已經慢慢淡化了過去人們對他們的粗糙判斷。我們也能夠以更加真實的方式去了解他的人生以及作品，並從中得到真正的思考。我們不是要從雪萊所提倡的信條裡獲得什麼，而是要從他那無所畏懼的追求精神，他堅持無私精神的做法，以及他那種以最簡樸的心態去追求理想的仁慈世界。正是他所追求的這些理念，才構成了我們當代英國人所要追求的重要特質。在我們所處的這個時代，理想是稀有品。在我們的這個民族裡，那些全身心去追求同一個目標的人，其實是非常少見的。

身為詩人，雪萊為英國文學做出了全新的貢獻 —— 這是一種將理想主義、自由與精神的勇敢結合起來的特質，這也是很多國外很多評論家認為我們這個民族所缺乏的特質。拜倫所表現出的勇敢氣質是屬於另一個範疇的：在拜倫的作品中，他所展現出來的那種世俗以及辛辣的諷刺，無法釋放出我們的能量，或是無法透過傳遞全新的希望或是美好的視野去讓我們感到高興。在面對世俗方面，華茲華斯的態度與雪萊是完全相反的，更加符合我們英國人喜歡沉思的性情，讓我們在一種相

對穩妥的哲學思想中生活，讓我們以一種合理的方式去與自然進行接觸。但在華茲華斯的作品裡，卻沒有雪萊作品中的那種強大的磁性。柯勒律治詩歌裡真正存在的永恆價值 —— 比如他的《克里斯特貝爾》、《古舟子吟》（*The Rime of the Ancient Mariner*）或是《忽必烈汗》（*Kubla Khan*）等作品 —— 都是純粹豐富想像加上作者的神祕主義結合之後的產物。雖然濟慈也是一位追求真實與神性的詩人，但他在熱愛自然方面，表現出了某種追求感官刺激的精神。對濟慈來說，自然就像一位情人，而不是狄奧提瑪（Diotima）這樣的人物。濟慈也沒有像雪萊那樣，在他的作品裡點燃預言性質的火焰，這與濟慈所宣揚的信條是相違背的。在雪萊同時代的所有偉大詩人當中，沒有哪一位詩人能夠像雪萊這樣，將抒情詩歌推到一個如此之高的維度。當我們認真研究雪萊的短詩、頌歌或是他更為複雜的歌劇，就會得出一個結論，即雪萊是我們英文語言裡，最為高尚與最具情感的詩人。在詩歌的情感表達方面，雪萊也明顯超越了同時代的其他詩人。雪萊不僅能夠創作出最優秀的抒情詩歌，還能創作出最優秀的悲劇作品，進行最優秀的翻譯以及最讓人耳熟能詳的詩歌作品。身為一名諷刺家與幽默主義者，我無法像雪萊的很多追隨者那樣，將他放到一個那麼高的位置。雪萊在詩歌中表現出來的某種純粹的情感，以複雜多樣的方式表達出他對專制、宗教以及習俗的敵對態度，在我看來，有時都會變成糟糕的辭藻。

雪萊的文學天才是多方面的，而他的思維跳躍程度也是那麼地無法捉摸。因此，誰都無法否認一點，身為藝術家的雪萊，與其他詩人進行對比時唯一的缺點，就在他在創作時更為自由。而這些缺陷最明顯的表現形式，就是他的作品顯得比較不那麼連貫、用詞比較隨意或是不完整，缺乏完整的敘述能力，讓讀者很難對客觀事實進行準確的掌握。即便是雪萊最忠誠的追隨者，如果他們是客觀的評論家，也會承認一點，若是從總體看待雪萊的詩歌作品，都會感受到一種不均衡的情況。當靈感襲來的時候，雪萊表現出的那種自我放逐的創作狀態，會讓他創作出很多讓後人覺得不是那麼滿意的作品，因為他的這些思想在創作時仍未成熟。雪萊在表達情感力量方面不存在任何缺陷，而是存在著缺乏耐心的毛病。而用更加準確的詞語來評價雪萊的作品，就是顯得有點不成熟。這不僅因為雪萊去世時還很年輕，還因為他的很多思想在尚未經過反思之前，沒有結出思想的碩果之前就被採摘下來了。雪萊並不是很在乎比較普通的事物，因此他不會想著以藝術的手法去充分展現這些事物。雪萊對細節的把控不是那麼嚴格，因此無法像歌德的作品那樣，表現的那麼圓滑。雪萊的思想總是在更為宏大、寬廣與莊重的場景下飛翔，因此有時很難讓他的讀者完全理解他說的內容。可能是因為對自身的能力缺乏一定的信心，加上當時他是在沮喪的情緒下去進行創作，因此這讓他很難做到有始有終，或是無

法讓他在〈西風頌〉這樣的短篇詩歌裡，做到如此地完美。當他完成一首詩歌的創作之火，就急切地想要印刷這首詩歌，然後投入到全新的詩歌創作當中。如果在此期間，有其他事情中斷了他的工作，那麼他就會將之前的工作放在一邊。如果說雪萊存在存在什麼缺點的話，就可以說雪萊始終都在展現出最高層次的自我，這在相當程度上與他的主要特質是相關的——這就是我之前所談到的那種理想主義。在創作時，雪萊將自身的心理、情感與身體功能都全部調動起來了，在情感充沛的時候，盡最大的努力去實現他的目標，在某個靈感襲來的想像瞬間裡，將最真實與最富激情的思想都表現出來。因此，雪萊最優秀的作品，都會烙下某些自然或是最基本的元素——包括風、大海與空氣——而不是讓他的詩歌作品變成一個單純的藝術作品。柏拉圖在看到這樣的情況時，可能會說：「繆思（Muses）讓此人的腦海裡充盈著神性的瘋狂。在他進行創作的時候，根本無法進行自我控制。」除此之外，雪萊的本性中始終存在著某種激情，這是他始終無法以最好方式呈現給世人的。正是這樣的激情，讓他的思想與幻想變成了最優秀的作品，讓他能夠將地球上最好的畫面描繪出來。雪萊的所有創作，都是在受到內心的愛意、光明以及生命的衝動的驅使去做的，絕對不是純粹為了藝術而藝術的。雪萊對藝術的那種執著追求，他的認真，他那種熱愛的強烈程度，他那虔誠的靈魂以及純粹的靈感，都讓他的詩

歌染上了一種獨一無二的神性。不過,我們不能期望,學院派藝術所謂的完美可以在他的作品中找到。雪萊的作品中存在著對本性的任性以及無知,存在著某種非對稱的東西,這些都是我們在早期希臘建築裡所欽佩的東西。雪萊是一位洞察力深刻的評論家與一位有著深邃思想的人,因此他會按照藝術家最嚴格的標準去要去自己。這也可以從他的《欽契一家》與〈阿童尼〉等作品中看出來。雪萊並沒有總是遵循這種方法的原因,也可以從他的〈為詩歌辯護〉一文的研究中找到。我們也可以慢慢理解他那種冷靜的藝術理論。

　　要是我們從狹窄的維度去理解雪萊,就很難真正全面地理解他的詩歌與人生。因為在雪萊短暫的一生中,他創作出了較多的詩歌作品,一些作品在主題上存在某些矛盾。那些在曾在他的墳墓前感到悲傷的人,那些曾為他而爭吵的人,以及那些因為急切找尋真理而感到困惑的人,都可以從他的作品中找到不同的答案。但是,我們無法透過相互指責或是反駁的方式,去真正了解雪萊的完整個性。只有透過仔細認真的對比,以及對手頭上所能找到的自傳材料進行去偽存真,才能將雪萊的原本形象呈現在讀者面前。要想描繪出完整的雪萊形象,這是一項需要付出巨大努力與認真研究去做的工作。與此同時,威廉‧羅塞蒂所寫的回憶錄,為我們提供了寶貴的資料。在雪萊的一生中,對那些認識他的人都有著一種忠誠的情感,這給他身邊的每個人 —— 比如霍格、拜

倫、皮科克、利亞·亨特、特里洛尼、梅德溫、威廉姆斯等
人──不同的印象，讓他們覺得他是一個最為隨和、純粹、
勇敢與最具精神性的人。很多他的自傳作者對他也有著相似
的印象。在雪萊人生的最後四年裡，他漸漸變成了更加成
熟、睿智與忠實於個人最高本能的人。他在年輕時期的各種
缺陷，此時已經慢慢消失了。他對自身的了解不斷拓展，他
的品格變得越來越圓潤，他的文學天賦每天都在增長。在從
未泯滅內心創作激情火焰的情況下，他透過人生的經驗慢慢
淬鍊自身的創作熱情。在二十九歲的時候，他已經站在了個
人輝煌文學成就的高峰上，隨時準備著朝著更高的境界展翅
高飛。但在此時，上天似乎想讓他獲得永恆的休息，不再需
要繼續如此的勞累，感受永恆的幸福，死神讓他失去了進入
一個更加成熟階段的機會。雖然他的很多作品都是在心智尚
未完全成熟之前創作的，而他也遭遇了英年早逝的悲劇，但
他那傑出的作品將流芳百世。

　　最後，如果我們還需要說些什麼，來表達雪萊英年早逝
的遺憾之情的話，我們可以選擇他那首〈阿童尼〉最後幾句詩
歌聊以慰藉：

　　藝術與言辭，
　　世上所有的絢爛，都脆弱無力，
　　從光明到黑暗令人痛徹心腑。

這種無法落淚的悲傷無以表達。

一切瞬間被掠走，

超凡的精靈曾光芒萬丈照亮世界，

留給世人的不是啜泣，更非呻吟。

也不是堅守希望的激情，

而是蒼白的絕望與冷漠的寧靜，

自然的浩瀚，人類世界的網絡，

誕生與死亡，都已今非昔比。

電子書購買

爽讀 APP

國家圖書館出版品預行編目資料

真理追求者，浪漫詩人雪萊：西風頌、愛爾蘭人之歌、麥布女王、無神論的必然……從牛津到比薩，跟隨詩人雪萊的足跡，體會自由生命的熱情 / [英] 約翰·愛登·賽門斯（John Addington Symonds）著，孔寧 譯. -- 第一版.
-- 臺北市：崧燁文化事業有限公司 , 2024.07
面；　公分
POD 版
ISBN 978-626-394-534-0(平裝)
1.CST:　雪　萊 (Shelley, Percy Bysshe, 1792-1822) 2.CST: 傳記 3.CST: 英國
784.18　　113009911

真理追求者，浪漫詩人雪萊：西風頌、愛爾蘭人之歌、麥布女王、無神論的必然……從牛津到比薩，跟隨詩人雪萊的足跡，體會自由生命的熱情

臉書

作　　　者：[英] 約翰·愛登·賽門斯（John Addington Symonds）
翻　　　譯：孔寧
發 行 人：黃振庭
出 版 者：崧燁文化事業有限公司
發 行 者：崧燁文化事業有限公司
E - m a i l：sonbookservice@gmail.com
粉 絲 頁：https://www.facebook.com/sonbookss/
網　　　址：https://sonbook.net/
地　　　址：台北市中正區重慶南路一段 61 號 8 樓
8F., No.61, Sec. 1, Chongqing S. Rd., Zhongzheng Dist., Taipei City 100, Taiwan
電　　　話：(02) 2370-3310　　　傳　　　真：(02) 2388-1990
印　　　刷：京峯數位服務有限公司
律師顧問：廣華律師事務所 張珮琦律師

定　　　價：350 元
發行日期：2024 年 07 月第一版
◎本書以 POD 印製

Design Assets from Freepik.com